湖北省学术著作出版专项资金资助项目
工程景观研究丛书
万敏 主编

Research on the Value and Evaluation of Living Heritage Bridge

活态遗产桥梁
的价值及其评价研究

张春琳 著

中国·武汉

图书在版编目(CIP)数据

活态遗产桥梁的价值及其评价研究/张春琳著.—武汉:华中科技大学出版社,2019.1
(工程景观研究丛书)
ISBN 978-7-5680-5439-3

Ⅰ.①活… Ⅱ.①张… Ⅲ.①古建筑-桥-文化遗产-研究-中国 ②古建筑-桥-文物保护-研究-中国 Ⅳ.①K928.78 ②U445.7

中国版本图书馆 CIP 数据核字(2019)第 151061 号

活态遗产桥梁的价值及其评价研究
Huotai Yichan Qiaoliang de Jiazhi ji qi Pingjia Yanjiu

张春琳 著

策划编辑：易彩萍	
责任编辑：易彩萍	
责任校对：李　弋	
封面设计：王　娜	
责任监印：朱　玢	

出版发行：华中科技大学出版社(中国·武汉)　　电话：(027)81321913
　　　　　武汉市东湖新技术开发区华工科技园　　邮编：430223

录　　排：华中科技大学惠友文印中心
印　　刷：武汉市金港彩印有限公司
开　　本：710mm×1000mm　1/16
印　　张：16
字　　数：254 千字
版　　次：2019 年 1 月第 1 版第 1 次印刷
定　　价：168.00 元

本书若有印装质量问题,请向出版社营销中心调换
全国免费服务热线：400-6679-118　竭诚为您服务
版权所有　侵权必究

本书得到国家自然科学基金"绿网城市理论及其实践引导研究(项目批准号:51678258)"的支持。

作者简介 | About the Author

张春琳

华中科技大学建筑与城市规划学院博士,湖北经济学院旅游与酒店管理学院副教授,主要从事工程景观遗产、旅游开发与管理方面的研究。

前 言

  中共十八大以来,党和国家领导人对于文化遗产的保护和利用高度重视,中共中央总书记、国家主席、中央军委主席习近平就文化遗产的保护多次做出重要指示,并不止一次强调文化遗产的"活化"利用。2014年3月27日,习近平在巴黎联合国教科文组织总部发表演讲时说:"中国人民在实现中国梦的进程中,将按照时代的新进步,推动中华文明创造性转化和创新性发展,激活其生命力,把跨越时空、超越国度、富有永恒魅力、具有当代价值的文化精神弘扬起来,让收藏在博物馆里的文物、陈列在广阔大地上的遗产、书写在古籍里的文字都活起来,让中华文明同世界各国人民创造的丰富多彩的文明一道,为人类提供正确的精神指引和强大的精神动力。"如何让祖先在千百年实践中积累的文化遗产得以保护和传承,如今已受到各级政府、学术界乃至广大人民越来越多的重视,而在众多的文化遗产中,有一些仍然在被使用,或其功能仍在延续的"活着的遗产",即"活态遗产",需要研究的不是如何让它们"活"起来,而是如何让它们继续"活"下去并"活"得更好。

  活态遗产桥梁是人类历史上遗留下来的具有突出的普遍价值、仍在发挥其原有的或历史演进过程中功能的遗产桥梁,属于活态的文化景观遗产。在历史价值久远的古代桥梁"存量"空间有限的情况下,活态遗产桥梁已陆续进入世界遗产和我国的文物保护体系且数量呈积极增长的趋势,它将是未来遗产桥梁领域的主体。价值评价是遗产保护的前提,本书即从活态遗产桥梁的价值及其评价入手,从原真性、完整性、延续性、科技性、多样性等多方面对其价值标准进行了分析总结,解析了活态遗产桥梁的迁移式保护对世界遗产原真性的思想贡献,并突出了延续性、科技性标准对活态遗产桥梁的作用与意义。在对文化遗产的普遍价值内涵和工业遗产、历史园林、建筑遗产、历史城镇、遗产桥梁等遗产门类的价值内涵及其评价体系借鉴研究的基础上,归纳提炼出了符合活态遗产桥梁特性的价值体系。构建了加权评分的活态遗产桥梁价值评价模型,并以武汉长江大桥、兰州黄河铁桥和福建屏南万安桥为例,运用模糊综合评价法对其进行验证,结果与本书提出的加权评分价值评价法基本一致。由此认证了本书提出的活态遗产桥梁的价值构成体系和价值评价模型具有一定的科学性和准确性,也间接证明了笔者提出的这一方法较模糊综合评价法具有更为简明、可实施性更强的特点,这适合于其在活态遗产桥梁价值评价领域中的推广运用。

本书围绕活态遗产桥梁价值体系及其评价的研究,填补了这一方面的研究空白,并对活态遗产桥梁价值的科学合理判断及其保护管理具有重要的理论和实践指导意义。

目　　录

第一章　绪论 …………………………………………………………（1）
　　第一节　研究背景及意义 ……………………………………（1）
　　第二节　概念阐述 ……………………………………………（8）
　　第三节　研究综述 ……………………………………………（16）
　　第四节　研究内容与方法 ……………………………………（25）

第二章　遗产桥梁在遗产保护体系中的地位 ………………………（30）
　　第一节　遗产桥梁的范畴 ……………………………………（30）
　　第二节　世界遗产认证体系中的遗产桥梁 …………………（32）
　　第三节　中国遗产体系中的遗产桥梁 ………………………（53）
　　第四节　其他国家遗产体系中的遗产桥梁 …………………（69）
　　第五节　本章小结 ……………………………………………（74）

第三章　活态遗产桥梁的价值标准 …………………………………（76）
　　第一节　原真性 ………………………………………………（76）
　　第二节　完整性 ………………………………………………（79）
　　第三节　延续性 ………………………………………………（82）
　　第四节　科技性 ………………………………………………（87）
　　第五节　多样性 ………………………………………………（89）
　　第六节　本章小结 ……………………………………………（96）

第四章　活态遗产桥梁的价值内涵借鉴 ……………………………（97）
　　第一节　遗产的普遍价值内涵借鉴 …………………………（97）
　　第二节　工业遗产的价值内涵借鉴 …………………………（102）
　　第三节　历史园林的价值内涵借鉴 …………………………（108）
　　第四节　建筑遗产的价值内涵借鉴 …………………………（110）
　　第五节　历史城镇的价值内涵借鉴 …………………………（116）

第六节　遗产桥梁的价值内涵及其评价体系借鉴 …………（126）
　　第七节　活态遗产桥梁价值内涵的聚类构建 ……………（136）
第五章　活态遗产桥梁的价值构成 ………………………………（144）
　　第一节　历史价值 …………………………………………（144）
　　第二节　科技价值 …………………………………………（148）
　　第三节　艺术价值 …………………………………………（155）
　　第四节　社会文化价值 ……………………………………（160）
　　第五节　使用价值 …………………………………………（168）
第六章　活态遗产桥梁价值评价模型的构建 ……………………（172）
　　第一节　活态遗产桥梁价值评价模型的构建方法 ………（172）
　　第二节　活态遗产桥梁价值评价指标体系的确定 ………（176）
　　第三节　活态遗产桥梁价值评价指标的赋权 ……………（187）
第七章　活态遗产桥梁价值评价模型的验证 ……………………（193）
　　第一节　活态遗产桥梁价值评价模型验证方法 …………（193）
　　第二节　武汉长江大桥价值评价的验证分析 ……………（194）
　　第三节　兰州黄河铁桥价值评价的验证分析 ……………（206）
　　第四节　福建屏南万安桥价值评价的验证分析 …………（216）
第八章　结论与展望 ………………………………………………（226）
　　第一节　主要结论 …………………………………………（226）
　　第二节　创新价值 …………………………………………（229）
　　第三节　研究展望 …………………………………………（229）
参考文献 ……………………………………………………………（233）
后记 …………………………………………………………………（246）

第一章 绪 论

第一节 研究背景及意义

"桥,水梁也。从木,乔声"(《说文解字》),其本义是指一种砍下来放在河面上可以连接两岸的高大乔木,后引申为"桥梁",特指"架在水上或空中便于通行的建筑物"(《辞海》)。桥梁是为保障交通线路或其他物流设施跨越天然或人工障碍而构筑的,也是为人类最基本而又重要的生产和生活需求服务的。它是一定时期人类所造土木工程中富有科技含量的标杆之一,从而也成为人类社会文明进步与发展的重要标志之一。

人类社会在何时、何地建造第一座桥梁已无法考证,但有不少桥梁虽经历了漫长年代的风霜雨雪却完好无损地保存下来。它们承载过历史车轮的碾轧,表现出一定时期的土木工程科技水平,展现着人类的建造天赋和审美情趣,代表了人类克服自然空间障碍的能力,见证过忠贞的爱情、人间的别离和历史的兴衰,象征着和谐、和睦与和平,从而成为宝贵的文化遗产。其中还有一些桥梁至今仍在发挥其原有功用,这被笔者归称为"活态遗产桥梁"。本书将以此为聚焦点,进行深入的探讨与剖析,其背景与意义主要反映在以下五大方面。

一、迎合活态桥梁陆续进入遗产保护体系的趋势

自 2006 年第一座活态遗产桥梁——西班牙的维斯盖亚桥[①](图 1-1)进入联合国教科文组织(United Nations Educational, Scientific and Cultural Organization,简称 UNESCO)的《世界遗产名录》以来,陆续有英国的旁特斯

---

① 也译为比斯卡亚桥。

沃泰水道桥①(图 1-2)和福斯桥②(图 1-3)共 3 处活态遗产桥梁作为"文物"类别③而成为世界文化遗产。至此,活态遗产桥梁占到了文物类遗产桥梁总数的 1/3,它们除了以世界遗产的身份被保护以外,均仍在发挥着原有的重要功能作用。

图 1-1　维斯盖亚桥

图 1-2　旁特斯沃泰水道桥

---

① 2009 年与旁特斯沃泰运河一起入选世界文化遗产。
② 又叫福斯铁路桥,2015 年入选世界文化遗产。
③ 根据《保护世界文化和自然遗产公约》,世界文化遗产主要包括三大类别:文物(monument)、建筑群(group of buildings)和遗址(site)。

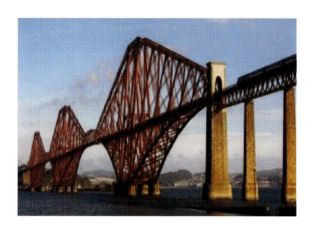

图 1-3　福斯铁路桥

自 1961 年以来,我国先后公布了七批共 4296 处全国重点文物保护单位,其中桥梁共有 96 处。值得注意的是,第六批全国重点文物保护单位(2006 年)中首次出现了 5 处近现代桥梁,而第七批全国重点文物保护单位(2013 年)中也有 6 处近现代桥梁入选。这 11 处近现代桥梁中,兰州黄河铁桥、渌江桥仍具有公共性的步行交通功能,而钱塘江大桥、武汉长江大桥仍具有机动车与铁路等综合交通功能。至此,活态遗产桥梁连续两批次被我国文物保护体系注目并纳入,这在全国重点文物保护单位中是前所未有的。而 2012 年在我国遗产桥梁领域发生的另一件更为重大的事便是闽浙木拱廊桥进入世界文化遗产备选名单。这是一个代表闽浙两省部分地域的、具有突出的普遍价值的遗产桥梁体系,其中部分桥梁还具有交通通行和生活联络功能。如无意外,它们将会如期成为世界遗产,这意味着中国的活态遗产桥梁也将在世界遗产体系中占有一席之地。

由此观之,我国以及联合国教科文组织均已出现把活态遗产桥梁视为一种崭新的遗产形式并给予高度关注的苗头,其受保护的数量也呈积极增长的趋势。笔者认为,这很可能是遗产桥梁领域未来值得鼓励的发展方向,故而对其进行一些先行的理论探讨,以期为作为桥梁大国的中国在该领域取得应有的地位尽绵薄之力。

世界遗产的评选已经历了四十余年的发展,其中历史久远的桥梁已得到较多的关注,它们的价值也得到了较为充分的揭示,但其"存量"空间则是有限的,这意味着同样代表人类文明与智慧的近现代遗产桥梁在世界遗产和我国遗产保护体系中的地位将会越来越重要。可以预见,未来遗产桥梁的主力应是近现代桥梁,这些桥梁大部分会因正当"壮年"而鲜活地发挥其价值功用,故而将活态遗产桥梁作为本书的研究定位本身便是呼应未来的一种举措,这也凸显本书的先进性与前瞻性。

二、直面活态遗产桥梁保护与交通功能之间的矛盾

随着活态遗产桥梁逐步被纳入各级遗产保护体系之中,其保护和交通利用之间的矛盾也逐渐浮现出来。一方面,这些桥梁都具有较为突出的普遍价值,是桥梁科技或艺术发展的见证,毫无疑问应予以保护;另一方面,这些遗产桥梁一般都位于重要的交通节点,拥有极高的区域交通战略地位,一旦其交通功能被取消,将对城市重要空间的连接以及城市相关片区的人民生活造成极大影响。

而交通功能的维持似乎又对遗产保护不利,正因这一矛盾的存在,活态遗产桥梁在成为遗产后都会面临着由"活态"转向"静态"的"生死"之争。像兰州黄河铁桥(又名中山桥),作为黄河上游最早修建(1907年)并保存至今的唯一一处近现代钢桁架梁桥,在成为全国重点文物保护单位(2006年)的前后时间,竟因此矛盾进行过长达十余年的"生死"博弈。面对上述矛盾,兰州市政府曾经历3次反复:2004年,兰州市政府决定中止该桥已延续近百年的通车历史,而将其变成一座永久性的步行桥;2011年,迫于交通压力,该桥在维修加固和抬升桥体后又恢复通车;2013年,兰州市政府又屈从静止保护的要求而对该桥实行机动车辆(含摩托车)禁行的禁令。至此,一座活态的遗产桥梁终于结束了它对城市生活的完全参与并步入"半静止"的文物保护状态,以后会不会完全"静止"下来还不得而知。

立足文物保护,禁止车辆通行虽有其道理,但也需因桥而异。对于兰州黄河铁桥,不仅因为其在兰州城市空间重要的交通地位难以替代(图1-4),而且至关重要的还是由于该桥拥有永远"活"下去的重要保障——桥梁结构具有小构件组合与更新特征。对于这种具有永恒特点的活态遗产桥梁也实

行"静止"或"半静止"的保护是否恰当,这便是活态遗产桥梁面临的真实考验。而此类的考验也曾在活态的历史城镇、历史街区中发生过,故而也是活态遗产面临的共同问题。反观同样作为全国重点文物保护单位的武汉长江大桥,在其2013年成为全国重点文物保护单位后,公路、铁路的通行功能依然如故,只是通过适当的分流减负进行保护,从而使该桥能够继续参与城市生活、服务国民经济,并因人文故事的丰富而为未来不断增添新的遗产价值内涵。武汉长江大桥为良好诠释活态遗产桥梁的保护与利用树立了一个值得借鉴的标杆。

图1-4　兰州黄河铁桥及周边环境

随着活态遗产桥梁的逐渐增多,这一矛盾将会更加凸显并难以调和,这就迫切需要有一个紧密围绕活态遗产桥梁的活度进行价值合理判断与评价的体系,以此来明确其活态保护的可能性与必要性,并为活态保护与静态保护之间的"博弈"提供一定的理论与支撑。让活态遗产桥梁保持合理的通行功能,力所能及地承载该肩负的荷重并继续创造新的价值,而非变成静态的博物馆,这是本书力图去揭示与论证的,也足见本书对社会热点问题的敏锐捕捉与及时感应的特点,故而本书的研究结果也一定会对社会产生实践功效。

三、弥补活态遗产桥梁价值评价体系的缺失

由于活态遗产桥梁是新时代的新问题，故而学术界的相关研究凤毛麟角是可以理解的。即使是在遗产桥梁领域，相关的研究除《世界遗产桥梁报告》外，尚未发现更多的其他跟进研究。笔者以"heritage bridge"和"living heritage bridge"为关键词，在 EBSCO、Access Science 等综合性外文数据库中进行检索，未发现有关该方面的研究成果。而在国内，笔者以"遗产桥梁"为关键词在中国知网（CNKI）进行篇名精确检索，仅有 4 条有效结果；而以"活态遗产桥梁"进行篇名精确检索，则仅发现 3 条。然而上述国内所有的有效检索结果，其成果均为本书研究团队所作的针对遗产桥梁的综述性研究内容，其中并未进行有关活态遗产桥梁价值评价的研究。

在遗产保护实践领域，现有入选各级遗产保护体系的遗产桥梁的价值评价，基本上是借用文物、建筑群等其他静态遗产类别的评价体系进行的。这样的评价体系虽很成熟，但未必适用于活态遗产桥梁。有关活态遗产桥梁的价值评判还没有一个独立的体系，这也是引发上述兰州黄河铁桥"生死"之争的重要原因。

有关遗产桥梁的专类评价标准，加拿大是做过相关研究并制订过 2 个标准的。分别是安大略省颁布的遗产桥梁评级标准和格兰德河流保护委员会制定的遗产桥梁等级评价标准。但这两个标准针对的也是静态遗产桥梁，故而有关活态遗产桥梁的标准在国际上当前还未有发现。因此，本书在国内外均是有开创性意义的，而针对活态遗产桥梁建立的评价模型及其在活态遗产桥梁的保护与管理领域的运用是值得预期的，这也突显本书理论和实践的价值与意义。

四、丰富工程景观学和桥梁景观学的研究内涵

桥梁景观（Bridgescape）这一新的概念是由美国学者格特默勒（Gottemoeller）于 20 世纪 90 年代提出的，其名称来源于"bridge"和"landscape"两个词的结合，也代表着桥梁和景观两大领域的交叉融合。

2004 年，华中科技大学万敏教授提出了桥梁景观学这一新的学科领域，

他认为:"桥梁景观学主要研究桥梁及其环境的功能、美学、生态、经济、文化等关联要素的优化关系[①]。"桥梁景观学的研究内容包含桥梁本体景观、桥梁环境景观和遗产桥梁三大构成,故而活态遗产桥梁也为桥梁景观学所包含。

2008年,秉承国务院学位办有关发展创新学科的精神,万敏教授提出将风景园林学科与市政工程、道路工程、桥梁工程、电力工程、水利工程等学科交叉结合,搭构工程景观学(engineering landscape)的构想,当年工程景观学便作为国务院学位办倡导建设的一个二级创新学科得以在土木工程一级学科下独立招生,工程景观学应运而生。工程景观学设立之初,华中科技大学的研究团队根据各类工程建设对景观设计的需求确立了3个迫切而又典型的交叉发展方向,即桥梁(工程)景观学、道路(工程)景观学、水利(工程)景观学,且根据社会需求还可向更多的工程景观方向如电力工程景观、排水工程景观、污水工程景观甚至军事工程景观等方向延伸。活态遗产桥梁属于桥梁景观学的研究范畴,故而也是工程景观学的重要构成之一。

在当今我国遗产桥梁既不为建筑学纳入研究视野,又不为土木工程学科所关注的情况下,作为以户外人居环境为立足的风景园林学科及其分支工程景观学便有了义不容辞的责任。本书也将进一步丰富桥梁景观学,这也是本书对工程景观学的理论贡献所在。

五、弘扬中国的桥梁科技和文化

我国幅员辽阔、多山多水的环境培育与启迪了先人在桥梁建设方面的技能与智慧,故而自古以来我国就是桥梁建设大国,这也使我国古代桥梁形成桥型丰富、风格多样、营造技艺精湛、木石见长、富有传承的特点。虽然近代我国的桥梁科技一度落后于西方,但1949年后,特别是进入21世纪以来,我国的桥梁建设者和科研人员在桥梁结构技术、核心材料研发、关键施工工艺、施工装备创新上刻苦攻关,使中国的桥梁科技高度不断攀升、难度不断刷新,并再次站在了世界领先的位置。当今世界上有难度、创纪录的桥梁,不少都是由中国设计和建造的,便是明证。

---

① 万敏,周倜,昊新华.桥梁景观的创作与思考[J].新建筑,2004(2):72-74.

中国的桥梁科技和桥梁文化之所以能够位居世界领先的地位,其主要原因在于我国自然山水资源的丰富和尺度的多样性,这为桥梁(尤其是大跨径桥梁)的设计与建造提供了充分的发挥空间。而在欧美发达国家,许多都是因其主要河流的规模与尺度限制了该国桥梁的创新与发展,从而使得该地区桥梁科技的持续领先缺乏外在的驱动力。我国的环境把我国桥梁推向了一个新的历史高度,也使笔者感觉到建立活态遗产桥梁体系、界定其价值、推进其保护的国家与民族责任之所在。因此,本书对于弘扬中国的桥梁科技和桥梁文化、提升中国桥梁研究在世界上的地位、引领世界遗产桥梁的发展具有重要意义。

第二节 概念阐述

一、遗产桥梁

"遗产桥梁"作为一个专有概念,是由国际古迹遗址保护协会(International Council on Monuments and Sites,简称 ICOMOS)与国际工业遗产保护协会(The International Committee for the Conversation of the Industrial Heritage,简称 TICCIH)于 1996 年在《世界遗产桥梁报告》(*Context for World Heritage Bridges*)中首次提出的,但该报告并未对"遗产桥梁"这一概念给出明确界定。结合该报告的提出背景和阐述内容,ICOMOS 和 TICCIH 提出的"遗产桥梁"主要是指已经被列入《世界遗产名录》的桥梁和潜在的遗产桥梁。所谓潜在遗产桥梁即指具有突出的普遍价值、展现了重要桥梁的类型或桥梁技术的转折点,如果给予充分的研究、比较和评价就有可能被列入《世界遗产名录》的桥梁。为此,《世界遗产桥梁报告》列出了 122 处潜在世界遗产桥梁的清单。

《世界遗产桥梁报告》更多关注的是遗产桥梁个体,且范围限定为已被列入《世界遗产名录》的桥梁和符合世界遗产标准的潜在遗产桥梁。但事实上,遗产桥梁的范围应该更广,它要关注的是所有具有突出的普遍价值的桥梁。从内容来说,遗产桥梁既应包括桥梁物质遗存,也应包括与桥梁有关的非物质文化遗产等。据此,笔者结合国内外的相关研究,得出"遗产桥梁"定义:指人类在公路、铁路、城市和农村道路交通建设以及水利建设中遗存下来的,为跨越各种障碍而修建的,具有突出的历史价值、科学价值、文化价值和艺术价值的各种类型的桥梁物质遗存及与之相关的非物质遗存。

如果说上述《世界遗产桥梁报告》界定的遗产桥梁指的是狭义的个体,而广义的遗产桥梁指的则是遗产桥梁学科体系。所谓遗产桥梁学科,包含的范畴则更为广泛,它不仅包含所有狭义的遗产桥梁,还包括这些遗产桥梁的价值评价、保护、维修与管理体系。虽然独立的遗产桥梁保护与管理体系在世界绝大多数国家尚未形成,但这确实是一个值得预期的未来。

二、遗产桥梁与工程景观学

工程景观学是响应社会对各类工程建设的景观需求,面向土木工程并以解决随之而来的生态、绿色、低碳以及美观等问题而设立的学科。自工程景观学 2008 年作为创新学科在华中科技大学设立以来,该研究团队围绕工程景观开展并布局了一系列的研究。例如:针对城市高架桥下的消极空间,殷利华博士(2012)研究了桥阴雨水花园的设计与营建,以此来发挥桥阴绿地景观的综合效益,从而丰富并拓展了桥梁工程景观学[①];针对河流硬质护岸工程对河流廊道造成的生态系统割裂、生物多样性锐减等消极问题,王贞博士(2013)研究了利用乡土适生灌木软化城市河流硬质护岸的工程景观问题[②],该研究属水利工程景观学范畴;针对城市车挡由于选材、布局、施工和管理而造成的城市公共环境审美质量下降等消极影响,李敏博士(2016)研究了行道乔木的车挡功效及其在城市景观中的运用[③],该研究属道路工程景观学范畴。此外,该研究团队还有一系列硕士论文成果,分别围绕桥梁工程景观(6 篇)、道路工程景观(6 篇)、市政工程景观(4 篇)、雨水工程景观(2

---

① 殷利华.桥阴雨水花园研究——以武汉城区高架桥为例[Z].国家自然科学基金青年基金(51308238),2013.
② 王贞.反消极性的城市河流硬质护岸工程景观研究[Z].国家自然科学基金青年基金(51108200),2011.
③ 李敏.乔木车挡防撞树立体(TACS)及其运用研究[Z].国家自然科学基金青年基金(51608214),2016.

篇)、照明工程景观(2篇)等进行了研究,并围绕工程景观出版了4部专著、获得了8项国家自然科学基金。工程景观学已成为该校风景园林学科的发展特色之一,并逐渐得到兄弟院校的认同。

工程景观学一方面聚焦于风景园林学,研究如何依托园林工程技术与桥梁、隧道、公路、水利、电力、军事等各类工程进行结合运用,从而弱化土木工程给环境带来的消极影响,强化土木工程与人类的亲和力,另一方面着眼于工程景观遗产,关注人类历史发展进程中创造的具有突出普遍价值的工程景观类文化遗产,研究并发掘其遗产价值内涵,总结工程景观营造的历史经验,并为人类文明的传承服务。桥梁遗产便是科技及艺术特色突出的工程景观遗产之一,其研究的开展在工程景观遗产领域是最早的,故而成果也相对较多。本研究便是关注遗产桥梁中其功能仍在延续的活态的一部分,研究成果预期会丰富工程景观遗产,尤其是遗产桥梁内涵,其立足工程景观的视野也必将会丰富世界文化遗产学的内涵。

工程景观学是"在土木工程规划设计与建设中能结合运用风景园林艺术与技术来营造和谐的人、工程与环境三者关系的一门学科[①]",属于土木工程学与风景园林学的交叉,虽然当前的学科隶属为土木工程一级学科下属的二级学科,但从学科性质而言,其无疑是风景园林的延伸。其学科体系万敏(2017)概括为图1-5。

从该体系来看,遗产桥梁既是桥梁景观学的三大研究内容之一,总体也属于工程景观遗产学下属的桥梁(工程)景观遗产学方向,这界定了本书的工程景观学科性质。

三、活态遗产与活态遗产桥梁

(一) 活态遗产

1981年5月,ICOMOS与国际风景园林师联合会(International Federation of Landscape Architects,简称IFLA)共同设立的国际历史园林委员会(International Council of Historic Gardens)在佛罗伦萨召开会议,会

---

① 万敏.广场工程景观设计理论与实践[M].武汉:华中科技大学出版社,2017:25.

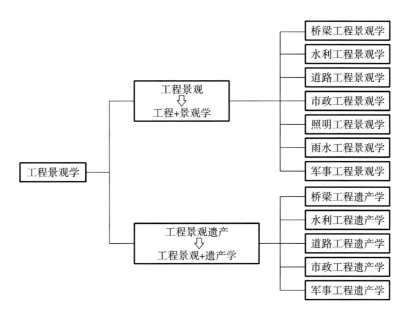

图 1-5 工程景观学的学科体系

(图片来源:万敏《广场工程景观设计理论与实践》)

议通过了《佛罗伦萨宪章》(*Florence Charter*),并由 ICOMOS 登记为《威尼斯宪章》的附件。宪章开篇即明确提出:"作为古迹,历史园林必须根据《威尼斯宪章》的精神予以保存,然而,既然它是一个'活'的古迹,其保存亦必须遵循特定的规则进行[①]","活态古迹"的概念第一次被提出。

联合国教科文组织对此的再次关注则始于《世界遗产全球战略》(1994),第一次提出了"所有活的文化"的概念,并在同年对《实施世界遗产公约的操作指南》(*Operational guidelines for the implementation of the World Heritage Convention*,后文简称《操作指南》)的修订中明确提出:世界遗产可以作为"活的文化"的见证或者与"活的传统"有直接的联系。

《威尼斯宪章》提出的"活态古迹"和联合国教科文组织提出的"活态文化"两者的结合,便促成了"活态遗产"概念的诞生。这也实质上界定出活态遗产的两大核心内涵:一个是古迹本身,另一个则是一直与古迹密切相关的

---

① ICOMOS. The Florence Charter[Z]. 1982,12.

人或植物、动物等其他生命物种。对于人而言,就是创造古迹并一直生活在古迹里的人类及其文化。

国际文化财产修复与保护研究中心(International Centre for the Study of the Preservation and Restoration of Cultural Property,简称 ICCROM)于 2002—2003 年开启了"活态遗产地项目",并在《活态遗产保护方法手册》(*Living Heritage Approach Handbook*,2009)中正式确立"活态遗产"这一概念,并将其界定为"保持原有功能的遗产[①]"。

活态遗产作为文化遗产的门类之一,具有遗产的一般属性,是具有突出的普遍价值的历史遗存,其"活态"主要体现在该类遗产"至今仍保持着原初或历史过程中的使用功能[②]"。

在现有世界遗产的保护体系范围内,活态遗产主要有以下五种类型:文化景观、历史城镇及城镇中心、遗产线路、遗产运河和非物质文化遗产。除了以上这些被正式纳入世界遗产体系的类别外,历史园林、古代工程、近现代工业遗产、农业景观等遗产类别,在具有突出的普遍价值的同时,至今仍保持最初的或历史发展进程中的功用,同样符合活态遗产的功能延续性,也应属于活态遗产范畴。遗产桥梁虽不是一个独立的遗产门类,但有些遗产桥梁还在发挥原初的历史功用,自然也相应存在活态类型。

(二)活态遗产桥梁

活态遗产这一新的概念和遗产门类在 20 世纪 90 年代的提出,直接促使了维斯盖亚桥(2006 年)、旁特斯沃泰水道桥(2009 年)、福斯桥(2015 年)等活态遗产桥梁进入世界遗产的行列,同时也影响到我国文物保护观念的更新。从公布第六批全国重点文物保护单位(2006 年)开始,活态遗产逐渐增多,其中便有活态遗产桥梁。万敏(2013)将"活态遗产"和"遗产桥梁"进行整合,提出了"活态遗产桥梁"的概念,并在第九届中国国际园林博览会上做了《活态桥梁遗产及其在我国的发展》的专题报告,同时该文在《中国园林》上发表,提出:根据使用状态,遗产桥梁可以分为静态和活态两大类别[③]。

[①] 赵晓梅.活态遗产理论与保护方法评析[J].中国文化遗产,2016(3):68-74.
[②] 徐嵩龄.文化遗产科学的概念性术语翻译与阐释[J].中国科技术语,2008,10(3):54-59.
[③] 万敏,黄雄,温义.活态桥梁遗产及其在我国的发展[J].中国园林,2014(2):39-43.

"静态遗产桥梁"是指人类历史上遗留下来的具有突出的普遍价值的、已丧失或停止了原有功能的遗产桥梁。根据保护情况的不同，静态遗产桥梁主要有两种形态。

①遗址型遗产桥梁。这种类型遗产桥梁的主要特点：桥梁建筑保存不完整，存在不同程度的破损，其主要功能是为考古研究服务。例如我国的全国重点文物保护单位——陕西沙河古桥遗址、陕西东渭桥遗址、杭州跨湖桥遗址等。

②文物型遗产桥梁。这种类型遗产桥梁的主要特点：桥梁建筑保存较为完好，其原有的全部功能已经完全丧失，现在主要作为文物予以保护。例如世界遗产法国加尔桥、西班牙塞哥维亚水道桥、墨西哥腾布里克神父水道桥均属于这一类型，它们虽然修建于不同的时期，但其最初的功能都是引水渡桥，现在这一功能已完全丧失，仅仅作为古罗马建筑的见证供人们观赏和研究。

"活态遗产桥梁"则是指人类历史上遗留下来的具有突出的普遍价值、仍在发挥其原有的或历史演进过程中的功能（或部分功能）的遗产桥梁。这些桥梁大多以耄耋之躯承载着现代繁重的交通功能，连接城市要害又延续着城市的生活，同时还拥有遗产桥梁的各项价值内涵。

笔者根据桥梁的常用分类标准分别整理了静态遗产桥梁与活态遗产桥梁的一组经典案例，以期更加直观地呈现两者之间的区别（表1-1）。

表1-1 静态遗产桥梁与活态遗产桥梁的经典案例

分类标准	类型	静态遗产桥梁	活态遗产桥梁
结构类型	梁式桥	洛阳桥（中国泉州）	钱塘江大桥（中国杭州）
	拱式桥	赵州桥（中国河北赵县）	悉尼海港大桥（澳大利亚）
	悬索桥	安澜桥（中国四川）	金门大桥（美国旧金山）
使用材料	木桥	锦带桥（日本山口县岩国）	万安桥（中国福建屏南）
	石桥	广济桥（中国潮州）	里亚托桥（意大利威尼斯）
	钢桥	鸭绿江断桥（中国辽宁丹东）	布鲁克林桥（美国纽约）

续表

分类标准	类型	静态遗产桥梁	活态遗产桥梁
功能用途	公路桥	石担路联络线水闸旧桥（中国北京）	路易斯一世桥（葡萄牙波尔图）
	铁路桥	滦河铁桥（中国河北）	福斯铁路桥（英国）
	公铁两用桥	鸭绿江断桥（中国辽宁丹东）	南京长江大桥（中国南京）
	人行桥	永济桥（中国广西）	查理大桥（捷克布拉格）
	运水桥	加尔桥（法国尼姆）	旁特斯沃泰水道桥（英国）
跨越空间	跨河桥	泸定桥（中国四川）	罗马桥（西班牙科尔多瓦）
	跨海桥	安平桥（中国福建）	金门大桥（美国旧金山）
	立交桥	晋祠鱼沼飞梁（中国山西）	八字桥（中国绍兴）
	高架桥	格尔茨莎高架桥（德国）	威敖铁路大桥（法国）
建造年代	古代桥梁	宝带桥（中国苏州）	卡雷凡大桥（土耳其伊兹密尔）
	近现代桥梁	乔治铁桥（英国）	维斯盖亚桥（西班牙毕尔巴鄂市）

（资料来源：作者整理）

两相比较，静态遗产桥梁原有的功能已丧失，作为历史的见证，其现有的主要功能是文化的传承和教育，保护形式以静态的展示为主。而活态遗产桥梁的价值核心是功能和文化的延续性，是在保护中合理利用、在利用中加强保护，与静态遗产桥梁的主要区别就在于它们仍处在生命延续的过程当中，其遗产价值和遗产形态在得到应有认可的同时还处在丰富、发展和变化的过程当中[①]。当活态遗产桥梁由于历史、社会等方面的原因失去其功能的延续性，退出人们的生产和生活之后，就成为静态遗产桥梁了。

四、文化景观与活态遗产桥梁

"文化景观"这一概念最早产生于地理学领域，其定义为"自然风光、田

---

① 吕舟.文化多样性语境下的亚太地区活态遗产保护[J].建筑遗产，2016(3):28-39.

野、建筑、村落、厂矿、城市、交通工具和道路,以及人物和服饰等所构成的文化现象的复合体①"。它关注的核心是人与自然之间的相互影响和关联状态。

随着人类社会从农业社会到工业文明的质的飞跃,人们对自然的态度也发生了由"利用"到"征服"的根本性改变。在这一思想支配下,人类对自然的过分干预造成了极大的恶果,直至20世纪60年代,人地关系和谐论才得到全世界的认可。自1962年"保护景观"这一理念首次出现在《关于保护景观和遗址的风貌与特性的建议》②中,《威尼斯宪章》《马丘比丘宪章》等一系列国际文件均对此有所关注,加上众多学者对文化景观这一概念内涵和价值的深入研究,最终促成了"文化景观遗产"的诞生。

1992年12月,联合国教科文组织世界遗产委员会(UNESCO)第16届会议在美国圣菲召开,"文化景观"作为一个独立的遗产门类正式被纳入世界遗产的保护体系,文化景观遗产成为继自然遗产、文化遗产、混合遗产之后世界遗产的第四大类型。在《实施世界遗产公约的操作指南》中,世界遗产委员会明确指出:文化景观"能够说明为人类社会在其自身制约下、在自然环境提供的条件下以及在内外社会经济文化力量的推动下发生的进化及时间的变迁。在遴选文化景观遗产时,必须同时以其突出的普遍价值和明确的地理文化区域内具有代表性为标准,使其能反映该区域本色的、独特的文化内涵③"。文化景观由此被分为三大类型:由人类有意设计和建造的景观、有机进化的景观、关联性文化景观。文化景观的提出较活态古迹晚,但又早于活态遗产,且其核心价值内涵之一就是活态文化,故而文化景观遗产对后来活态遗产为遗产保护领域广泛接受是有直接贡献的。

遗产桥梁是人类在生产和生活的过程中有意识地设计和建造的,是人类按照自己的文化标准与交通需求对不适合人类生产生活的自然环境进行改造或联系而形成的文化景观。人类修建桥梁的时候,必然会对自然环境

---

① 单霁翔.从"文化景观"到"文化景观遗产"(下)[J].东南文化,2010(3):7-18.
② 联合国教科文组织1962年12月在巴黎召开的第12届会议上通过。
③ World Heritage Committee. Operational Guidelines for the Implementation of the World Heritage Convention[Z]. 1992.

造成影响，但在桥址选择、材料运用、造型设计等方面均会追求人与自然的和谐。例如，武汉长江大桥便利用两岸的自然山体作为桥梁引线，在利用山体的举势保障桥下通航净空的同时还减少了桥梁的长度；泉州洛阳桥首开应用生物学建桥之先河，创造"种蛎固基法"，在桥墩的石缝中养殖牡蛎，使之联结胶固，从而起到加固桥梁的作用；赵县安济桥在主拱的两翼各设两个肩拱，在使桥身更加美观的同时，既可以节约石料、减轻桥重，也扩大了桥洞的过水量，使桥身被洪水的冲击得以缓解。桥梁建成后，既连通了自然环境，给人类的生产生活提供了便利，也因其沟通作用而成为社会地标，因交通带来的密集而又大量的信息流成为信息传播中心，从而对人类的文化传播及发展产生影响。

由此可见，桥梁景观是人类与自然在经济、文化、社会等综合因素的驱动下互相影响的结果，它的设计与建造一般会结合自然环境特征并营造出地理上的区位优势。从这个意义上来说，桥梁景观是自然与人文因素综合作用下形成的地理复合体，其设计与建造给一定地域带来相应的文化景观影响，故而桥梁景观亦属文化景观范畴，而遗产桥梁也不容置辩地跨入文化景观遗产之列。

文化景观遗产是典型的活态遗产，它是"自然与文化的共同结晶"，代表"人类与自然环境之间的互动的多样性"，正是如此，文化景观遗产不仅是静态的历史见证，还因为有了人类的活动而成为活态的文化延续。活态遗产桥梁的价值便与此一致。

第三节　研究综述

一、国外遗产桥梁的相关研究综述

（一）遗产桥梁概念的提出

20世纪90年代，联合国教科文组织开始关注世界遗产种类的均衡性与代表性，并委托国际古迹遗址理事会开展遗产桥梁研究。由此，遗产桥梁被视为一个单独的遗产门类首次走向了前台。在此背景下,国际古迹遗址理事会和国际工业遗产保护委员会于1996年联合出版了《世界遗产桥梁报告》。这是国际遗产保护组织第一次对遗产桥梁进行的专门性的研究和论述,并正式提出了"遗产桥梁"这一概念。在报告的前言中,ICOMOS和TICCIH说明了研究遗产桥梁的目的旨在"提供关于世界遗产桥梁价值和意义方面的特征,使人们能关注全球那些最能代表桥梁建筑历史的世界遗产桥梁,并鼓励人们对它进行保护"。在报告中,ICOMOS和TICCIH认为"在人类居住的历史上,桥梁在连接河流、峡谷等方面一直扮演着重要的角色。自古以来,桥梁均是最能显示工匠们高超技艺的证明"。但该报告并未对遗产桥梁给出明确的界定,报告的核心重点在于分析世界遗产桥梁的入选标准,并列举了122处具有世界遗产潜质的遗产桥梁名单。

按照惯例,由世界遗产委员会委托ICOMOS进行研究的遗产类别,都会在不久以后被纳入世界遗产体系,如遗产运河、遗产线路,但与遗产运河同时开展研究的遗产桥梁,之后并未像遗产运河一样成为世界遗产的一个单独门类,仅有的是《世界遗产桥梁报告》的昙花一现,这也说明遗产桥梁成为一个独立的遗产门类还未得到遗产保护领域的公认。而活态遗产桥梁在文化景观与活态遗产之后虽然进入《世界遗产名录》或被列为我国重点文物保护单位,却也没有出现"活态遗产桥梁"这一概念,这影响了遗产桥梁研究在相关领域的重视和推广,从而造成相关研究文献很少的结果。与之形成鲜明对比的是数量远少于遗产桥梁的遗产运河,其研究成果急剧丰富,研究群体快速增长。

(二)遗产桥梁保护的相关研究

国外学术界的研究中难以寻觅"heritage bridge"一词,笔者扩大检索范围,分别以"ancient bridge""historic bridge""bridge protect"等词条进行检索,发现对于拥有突出的普遍价值的历史桥梁,学者们都会给予重点关注并通过研究让更多的人认识和了解它们的价值,如弗雷泽(2010)、霍尔(2011)分别对新南威尔士州的历史类遗产桥梁、世界桥梁史上给人留下深刻印象的历史桥梁进行过详细研究,也有学者呼吁人们保护那些价值突出的历史桥梁(莫特,2008)。

笔者对搜集到的文献进行整理分析,还发现国外现有的与遗产桥梁相关的研究主要集中表现在以下三个方面。

1. 遗产桥梁的保护与管理

由于遗产桥梁不是一个独立的遗产门类,故而学者们总是立足于相关的遗产门类对其进行研究,如奥格尔索普(2014)立足于工业遗产视角研究福斯桥的申遗之路及其申遗成功对工业遗产的意义,弗兰克(2014)在有关城市文化遗产保护与管理的研究中也对其中的桥梁有过特别的关注等。

对于历史桥梁,学者们更多关注的是在面临现代化交通巨大压力的情况下如何保护和管理这些桥梁,如洪南基等(2009)、诺斯(2012)分别研究过韩国古石桥、新南威尔士州木桁架桥在现代交通负荷下如何更好地实施遗产保护和管理的策略问题等。

美国旧金山的金门大桥(Golden Gate Bridge)虽因"年轻"而未进入世界遗产保护体系,但其在美国甚至全世界的影响力均很大,相信不久的将来它一定会进入该体系。而该桥在保护与管理方面树立的经验甚至成为美国国家史迹(National Register of Historic Places)以及国家历史地标(National Historic Landmark)中遗产桥梁学习模仿的对象。该桥的管理由其大桥管理局负责,一支由不同专业工种组成的约200人规模的队伍负责该桥的日常养护与维修,并形成规范性的保护与管理制度。该桥虽在1989年经历了与我国唐山1976年同级的大地震,但仍安然无恙,这为遗产桥梁甚至活态遗产桥梁的保护与管理树立了典范(鲍尔·艾娃等,2011;托马斯等,2016)。

2. 遗产桥梁的结构特性分析

国外的遗产桥梁,尤其是欧美地区的遗产桥梁,多数是以石材或钢铁为主要建材建成的,这些遗产桥梁的保护与其结构特性有着密切关联,故而学术界对该方面的研究相对较多,其研究内容主要呈现在以下两大方面。

一方面是对遗产桥梁的结构状况进行评估,以便了解其保存情况并制定保护措施。如查尔斯(2008)研究导致古桥损毁的自然和人为原因,提出建立桥梁故障数据库、关注良好的维护习惯等建议;维察尼等(2008)对查理大桥的结构进行监测,研究非应力效应(温度、湿度等)对石桥结构变形、桥体裂缝等的影响;阿尔马斯里等(2016)研究约旦奥斯曼铁路石拱桥在重力荷载、地震作用下的结构状况和适应性等。上述对古桥结构问题开展的研究是古桥保护、维修的重要依据。

另一方面是运用现代科学技术对遗产桥梁进行结构分析，如纳达尔等(2008)用有限元模型来研究作为阿尔及利亚历史遗产的钢拱桁架桥的结构特性，里维尔多等(2011)运用三维激光扫描、3D测量等技术对中世纪石砌拱桥进行结构分析等。该类运用现代结构力学理论与技术来解析古桥的结构力学特点的分析研究，对弘扬古桥的科技价值、传承其科技文化具有重要意义。

3. 遗产桥梁的修复与重建

相关文献检索结果显示，国外对于遗产桥梁修复的研究多于对重建的研究，这与西方遗产保护领域提倡修复而非重建的基本思想是一致的。对于遗产桥梁的修复与重建，主要研究与实践的内容包括以下两方面。

一方面是研究传统材料加工、传统工艺流程、传统匠师技艺等的技术与方法，如波黑的莫斯塔尔古桥重建就是典型的案例。该桥于1993年毁于波黑战争，后由联合国教科文组织、世界文化遗产基金会、世界银行和阿加汗文化信托基金联合组织重建。由于重建时注重保持其原貌，采用与原桥相同的技术和材料，故而该桥在2004年重建完成后即于次年进入《世界遗产名录》。重建后的莫斯塔尔古桥承载着沉重的城市历史和不同文化、种族和宗教社会间和睦相处的希望，象征着协调和解与国际合作，故而学术界关于该桥的研究较多(阿马利等,2004;安德鲁,2004等)。

另一方面是满足现代力学结构原理并保持古桥历史风貌的情况下所进行的修复理论与实践。如布朗(2007)研究用搭建桥内箱梁的方法加固并修复新罕布什尔州铁路桥，琼斯(2012)提出通过桁架分离拓宽佛蒙特州的历史桥梁，尼卡萨等(2017)研究历史桥梁修复的多目标决策方法等。运用现代结构技术修复与强化桥梁的荷载性能，这对处在城市结构要害中的活态遗产桥梁的保护与管理相当重要，该类桥梁历史上就控制着这些城市的交通要害，而作为遗产是不可移动的，其活态功能也难以替代。

综上所述，国外学术界对遗产桥梁的保护、管理、修复与重建还是相当重视的，但由于"heritage bridge"这一概念和遗产门类尚未得到明确和认可，

故而大多数研究都缺乏一个系统的关联,只是将遗产桥梁作为古建筑、历史城镇、工业遗产等其他类别的文化遗产进行研究,这对科技与艺术一体化的遗产桥梁会有失偏颇。

(三) 遗产桥梁的价值及其评价研究

对于遗产桥梁,国外学术界主要探讨历史桥梁修复或重建后的遗产价值,如比彻姆(2012)、米赫利亚娜(2015)分别研究了澳大利亚巴望头大桥重建后的新桥价值以及土耳其阿里·富特·帕沙大桥修复后的遗产价值等。在现有学术界的研究中,并没有专门的与遗产桥梁价值体系评判相关的内容。

关于遗产桥梁的价值评价,在遗产保护实践领域,目前仅有加拿大对此建立过相关标准。《格兰德河流域遗产桥梁名录》(2004)从文献资料、技术、桥梁美学与环境、历史价值四大方面制定了遗产桥梁的等级评价标准,《安大略省遗产桥梁指南》(2008)从设计/物理价值、关联价值和历史/组合价值三大方面对遗产桥梁的价值进行赋分评价。上述两个评价体系针对的都是静态遗产桥梁,并未提及活态遗产桥梁,其价值认知主要集中在科技价值、历史价值、景观价值方面,对活态遗产桥梁的价值及其评价目前尚未触及。

二、国内遗产桥梁的相关研究综述

在中国知网(CNKI)分别以"遗产桥梁"和"桥梁遗产"为关键词进行精确检索,有效结果见表1-2。

表1-2 中国知网对"遗产桥梁"和"桥梁遗产"的检索结果

关键词	检索结果			
	作者	篇名	发表期刊	发表时间
遗产桥梁	杨艳,孙潮,陈宝春	《现有世界文化遗产桥梁的核心价值及中国古桥申遗的思考》	《世界桥梁》	2015年3月

续表

关键词	检索结果			
	作者	篇名	发表期刊	发表时间
桥梁遗产	万敏,黄雄,温义,刘萃,秦珊珊	《活态桥梁遗产及其在我国的发展》	《第九届中国国际园林博览会论文汇编》	2013年5月
	万敏,黄雄,温义	《活态桥梁遗产及其在我国的发展》	《中国园林》	2014年2月
	黄雄,万敏	《世界遗产视野下的桥梁遗产解读与思考》	《2015中国城市规划年会论文集》	2015年9月

(资料来源:中国知网,http://www.cnki.net,作者整理)

由此可见,"遗产桥梁"这一概念在我国同样未能得到公认,但这并不意味我国没有遗产桥梁研究。事实上,相关的研究分布在桥梁工程与文物两大学术领域中,而在我国桥梁工程学界,对于此类桥梁多称为"古桥",该称谓亦为文物学界延用。两大学科的研究对推动我国优秀桥梁进入遗产保护体系有重大贡献,但也因桥梁学科受限于"古"、文物部门又受制于不懂桥梁结构与技术,故该类的研究可称为"类遗产桥梁"研究。此类研究的主要内容集中在以下两个方面。

(一)古桥保护与利用的相关研究

1961年,泸定桥、卢沟桥、安平桥、安济桥、永通桥等古桥被纳入第一批全国重点文物保护单位,拉开了新中国古桥研究的序幕。在茅以升(1963、1973)的大力推介下,这些古桥的价值逐渐得到社会认可,从而为这些桥梁的保护利用创造了良好条件。20世纪80年代以后,有关古桥的研究逐渐增多,先后有《中国古桥技术史》(茅以升,1986)、《绍兴石桥》(陈从周等,1986)、《中国科学技术史·桥梁卷》(唐寰澄,2000)、《中国桥谱》(中华人民共和国交通部,2003)、《中国桥梁史纲》(项海帆等,2009)等多部著作出版,并有大量的论文公开发表。其研究主要集中在以下三个方面。

1. 对古桥本体价值的研究

我国对古桥本体的价值体系比较重视,在《中国桥梁史纲》《中国科学技术史·桥梁卷》《中国古桥技术史》等著作中对许多重要古桥的价值均有阐述,从中可以看出我国对古桥的价值发掘更注重的是科技价值和历史价值。

对中国知网的检索结果进行分析发现,大部分研究是针对某一特定桥梁的某一方面价值进行的,如顾燕新(2003)研究了苏州古桥的历史价值,张霞等(2006)探讨了山西古代桥梁的科技价值,黄正良(2010)对明清云龙古桥的美学价值进行了发掘,孙琦琦(2015)研究了闽浙木拱廊桥的文化价值,杨雄心(2017)总结了湘桂古道现存古桥的历史文化价值等。其中虽有部分研究涉及古桥的价值构成(表1-3),但仍是针对某一特定桥梁进行的探讨,从理论上总结我国古桥价值体系构成的研究并不多见。

表1-3 我国部分学者关于古桥价值构成的研究

研 究 者	研 究 对 象	古桥价值构成
吴正光(2005)	贵州古桥	历史价值、社会价值、科学价值、文化价值
徐大江等(2010)	新乡明代合河古桥	历史价值、科学价值、艺术价值、实用价值
陆文强等(2011)	闽浙木拱廊桥	工程技术价值、民俗文化价值、建筑艺术价值
朱铁军(2012)	江南古桥	艺术价值、经济价值、文化价值
张伦超(2013)	滁州古桥	文化价值、科技价值
赵旎娜(2016)	浙东运河水系古桥	历史价值、美学价值、科技价值

(资料来源:中国知网,http://www.cnki.net,作者整理)

虽然我国学术界对于古桥本体价值的研究对古桥的历史价值、文化价值、科技价值、经济价值和艺术价值等方面均有涉及,但这些研究呈现的却是独立分散的状态,多为针对某一类型、某一区域或某一特定桥梁开展的研究,迄今为止,尚未形成对古桥价值系统认识的观念。现有研究的对象以文物型古桥为主,也涉及少量遗址型古桥,这二者均属于静态遗产桥梁,在我国学术界现有的研究中,对活态遗产桥梁价值的关注非常少见。

2. 古桥的保护利用研究

我国学术界对古桥的保护非常重视,因而在现有的相关研究成果中,该方面的内容是最多的,但主要内容多是针对某一地域、某一类型或某一特定古桥,研究其保护利用现状、保护模式、保护方法与措施等。例如吴颖(2004)、张伦超等(2013)、王富更(2015)分别研究了湖州古桥、滁州古桥、绍兴古桥的保护利用现状,指出了我国古桥保护中存在的保护意识淡薄、建设性破坏严重、保护方法不当等主要问题;李燕等(2006)、袁波等(2016)分别探讨了江苏古桥"远离古桥建新桥"的保护模式和苏南古桥按原貌修缮的礼嘉双桥模式、古桥移建的广济桥模式、与周围环境整体保护的焦溪模式、建设新桥分流交通的本善桥模式、原生态整体性开发的古桥大观园模式等八种保护模式;郭唯等(2006)、邓广辉等(2007)、朱祥明等(2013)分别研究了福州古桥、杭州广济桥、泉州五里桥(安平桥)的保护对策。

自旅游业成为我国的战略性支柱产业后,许多古桥都以其优美的艺术造型、精湛的建造技艺和丰富的文化内涵而成为旅游资源并被旅游业所用,这方面的研究也日益增多。如黄德凯(2016)对广东潮州的桥文化旅游资源进行过详细研究,方百寿等(2001)、李华中等(2012)、侯志强等(2013)、张妍姬(2013)分别研究了泉州洛阳桥、赵州桥、闽浙木拱廊桥、滇越铁路人字桥等遗产桥梁的文化旅游资源保护与旅游利用。遗产桥梁的旅游利用应在有效保护、合理利用、加强管理的思想指导下进行,使遗产保护和旅游利用结合起来并协调发展;同时应科学规划、明确遗产桥梁的旅游承载力,并采取有效措施将游客量控制在合理的范围之内,从而使遗产桥梁的旅游价值在保护的前提下得到充分发挥。

3. 古桥的保养与维修研究

我国对古桥的保养与维修基本上是按照文物保护的理念和方式进行的,故而现有的相关研究主要是探讨古桥的原始风貌恢复、建筑形态保护、结构加固、保护性修复等方面的技术问题,特别是现代科学技术在古桥保养与维修方面的应用。例如唐家俊等(2007)采用大型有限元技术对桥梁结构进行离散化分析,研究以五梁桥为代表的石桥加固与保护技术;刘辉(2015)以江西省玉山县东津桥为例研究过文物古桥加固与保护的"拱背套拱法"等;项贻强等(2010)、李绪洪(2009)、毛安吉(2010)分别研究了绍兴八字桥的外观恢复、防风化加固等保护措施,广东顺德明远桥的主体结构的保护与维修方法,上海外白渡桥保护修缮的技术措施与施工流程等;郑亚鹏等(2015)利用计算机技术研究中国古桥的信息管理系统等。

综上所述,这些研究主要表现出以下几个特点:研究对象多为年代久远的古代桥梁；研究内容集中在古桥的本体价值及其保护利用上；本体价值的研究较为分散，桥梁价值体系构成的研究不足；保护利用延续"静态"保护的传统观念和惯性思维，未考虑遗产桥梁的"活态"保护与利用。

（二）相关遗产领域的研究

虽然国内对遗产桥梁的研究刚刚起步，但在以文物与建筑为主导的相关遗产领域中，对遗产桥梁的个案多有涉及，这对遗产桥梁的理论研究和保护实践具有重要的参考价值。

1. 工业遗产的相关研究

近现代桥梁是工业时代的重要象征，该类遗产桥梁往往被作为工业遗产纳入其研究体系。如白青锋（2008）将钱塘江大桥收录进《锈迹：寻访中国工业遗产》一书中，刘起（2008）、陈芳敏（2012）和张环宙等（2015）、高熊（2016）分别将兰州黄河铁桥、杭州拱宸桥、滦河大铁桥作为工业遗产进行研究等。这些研究在丰富遗产桥梁内涵的同时也拓展了工业遗产的研究外延。

2. 文化景观的相关研究

遗产桥梁属于文化景观的范畴，这一点在众多学者将其纳入文化景观的研究中也可得到印证。如龙松亮等（2011）、张光英（2012）、周彩英（2014）均以文化景观遗产的视角研究过闽浙木拱廊桥的实体、自然空间、文化空间"三位一体"的保护方式，周甜甜（2013）研究了西塘古桥的文化景观格局，黄尚东等（2015）将九龙桥作为古建筑纳入传统村落文化景观的范围，研究其保护原则、内容和措施，储成芳（2015）将周庄古桥纳入物质文化景观的范围，研究其文化景观变迁的主要影响因素等。

历史园林是文化景观遗产的主要类别之一，而桥梁也是历史园林的重要组成部分。我国历史园林世界遗产中也有许多遗产桥梁，如颐和园的十七孔桥、玉带桥，承德避暑山庄的水心榭桥，拙政园中的倚虹桥、小飞虹、黛玉葬花桥等。这类桥梁在风景园林领域被称为园桥或景桥，不少风景园林或建筑学相关学者对其进行过研究。如马辉（2006）对我国传统景桥的文化积累、造景手法、设计理法进行过较为系统的专题研究；芦建国等（2007）对中国园林中的园桥类型及应用情况进行过归纳整理；刘澍（2014）以拙政园的小飞虹为例,探讨传统艺术与苏州园林的共振效应等。上述研究将遗产桥梁纳入历史园林的范畴,也再次印证遗产桥梁与文化景观遗产的密不可分。

3. 遗产运河的相关研究

桥梁是运河的重要组成部分,我国的大运河世界文化遗产中共有7处桥梁遗产点。故而在遗产桥梁的研究中,也多有将其置入大运河遗产综合体中进行研究的。如高红文等(2014)将王江泾长虹桥、赵旎娜(2016)将浙东古桥、颜敏等(2016)将无锡清名桥纳入大运河遗产中进行研究,探索遗产桥梁保护的新思路。

此外,在我国历史城镇、历史街区、古村落、风景名胜区等其他类别遗产的理论研究中,也对遗产桥梁有所涉及,且对本研究具有一定的借鉴意义,但因学者学科成分的复杂而难以触及遗产桥梁的本质内涵,更勿论遗产桥梁的系统了。

第四节 研究内容与方法

一、研究内容

本书共八个章节,可归并为活态遗产桥梁的基础性研究、价值研究、价值评价三大板块,其板块结构见图1-6。

(1) 基础研究(第一至二章):界定活态遗产桥梁及其相关概念,对其理论与实践发展进行综述;探讨遗产桥梁的种类范畴和内涵范畴,区分狭义的遗产桥梁和广义的遗产桥梁;对世界遗产体系和中国、日本、美国及欧洲部分国家遗产保护体系中的遗产桥梁进行梳理,研究遗产桥梁在各类遗产体系中的地位。

(2) 活态遗产桥梁的价值体系研究(第三至五章):从原真性、完整性、延续性、多样性等方面探讨活态遗产桥梁的价值标准;在对工业遗产、历史园林、建筑遗产、历史城镇、遗产桥梁等遗产类别的价值内涵及其评价体系进行借鉴研究的基础上,从使用价值、社会文化价值、科技价值、艺术价值和历

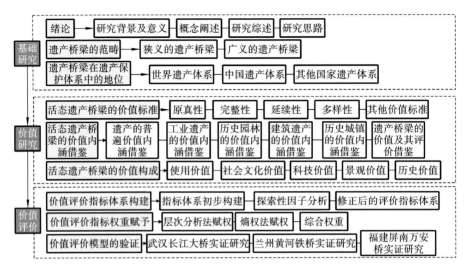

图 1-6 研究内容框架图

(图片来源:作者绘制)

史价值五大方面分析活态遗产桥梁的价值构成。

(3) 活态遗产桥梁的价值评价研究(第六至七章):构建活态遗产桥梁价值评价模型,并采用德尔菲法和因子分析法对其进行修正,运用层次分析法和熵权法对其评价指标进行赋权量化,以武汉长江大桥、兰州黄河铁桥和福建屏南万安桥为例进行实证分析和验证。

二、研究方法

本书采用定性与定量相结合的方法,主要研究方法包括定性研究、调查研究和定量研究三大方法。

1. 定性研究方法

(1) 文献研究法是指通过搜集国内外相关研究文献资料,对其进行鉴别、归纳和分析,从而形成科学认识的研究方法。该方法在本书中的应用在于通过对图书文献的查阅和电子数据库的文献检索,为本书的研究提供强有力的支持和论证。

(2) 借鉴研究法是指从相关学科中借鉴、吸收对本书有价值、有帮助的理论、方法和案例,从而提高研究质量和效率的方法。由于活态遗产桥梁是一个全新的课题,故而该方法在本书中被运用于借鉴风景园林、桥梁工程、文化遗产等学科的相关理论,借鉴各类活态遗产和非活态遗产的价值评价、保护管理等方面的经验、思想与方法,作为本书研究的基础和依据。

(3)实证研究法是指通过对研究对象进行大量的观察和实验,获取客观材料与事实,科学归纳出事物的本质属性和发展规律,并对其进行验证的研究方法。该方法在本书中被运用于活态遗产桥梁价值评价模型的验证,选取武汉长江大桥、兰州黄河铁桥和福建屏南万安桥作为案例,从社会层面和专业层面对其核心价值进行调研,从而对本书构建的活态遗产桥梁价值评价模型的科学性和准确性进行验证。

(4)聚类分析法是根据研究对象之间的相似程度,将其归并为若干相对同质群组的研究方法(图 1-7)。该方法在本书中被运用于活态遗产桥梁价值内涵的借鉴研究。

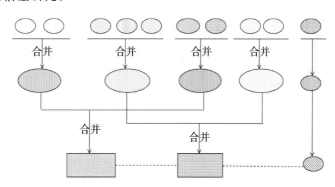

图 1-7 聚类分析法图示

(图片来源:作者绘制)

(5)词云分析法是通过相关软件对文本中出现频率较高的关键词予以视觉上的突出,形成"关键词云层"或"关键词渲染",从而过滤掉大量的文本信息并凸显文本主旨的方法。该方法在本书中被运用于活态遗产桥梁价值内涵的借鉴研究中。

2. 调查研究方法

(1)田野调查法是指应用客观的态度和科学的方法,在确定的范围内通

过调查人员对被调查对象的直接观察、实地踏勘、现场询问和记录,从而获取一手资料的方法。该方法在本书中被运用于对北京故宫、杭州西湖、周庄古镇、丽江古城、凤凰古城等遗产地中的遗产桥梁和 3 座重点研究的活态遗产桥梁——武汉长江大桥、兰州黄河铁桥和福建屏南万安桥进行的实地调研中,以了解其数量、分布、价值、周边环境及保护管理现状。

(2)德尔菲法是指通过背对背函询的方式,对多位专家分别进行多轮调查征询和意见反馈,并最终汇总为基本一致的专家意见的方法。该方法在本书中被运用于活态遗产桥梁价值评价指标的确定,针对活态遗产桥梁的价值评价指标拟定调查表,分别对桥梁工程、工程景观、建筑学、历史学、文化学等学科领域的专家采用电子邮件的形式进行意见征询,通过多轮征询和反馈,获得准确率较高的专家集体判断结果。

(3)抽样调查法是从大量的研究样本中根据一定的规则或随机选取其中部分具有代表性的样本进行调查,并据此推断研究对象总体特征和规律的方法。该方法在本书中被运用于对武汉长江大桥、兰州黄河铁桥和福建屏南万安桥进行价值评价时制作问卷调查表,分别在三座桥梁周边的主要道路、街区和旅游景点,针对武汉、兰州、屏南的当地居民和游客进行随机抽样,向其发放问卷并当场回收,根据样本数据推算出三座桥梁的价值评价得分情况。

3. 定量研究方法

针对活态遗产桥梁的价值评价模型,采用因子分析法、层次分析法、熵权法等定量研究方法,运用 SPSS、Matlab 等统计分析软件,探寻其科学规律。

(1)因子分析法是将研究对象中相关性较高、联系较紧密的观测变量归类,使其成为能够反映原始变量的绝大部分信息且相互之间没有相关性的公共因子,从而达到降维和简化数据的结果。该方法在本书中被运用于对通过理论研究和借鉴初步构建的活态遗产桥梁价值的评价指标进行归并,从而对活态遗产桥梁的价值评价模型进行修正。

(2)层次分析法是指将一个复杂的多目标决策问题分解为若干层次,通过量化排序进行优化决策的方法。该方法在本书中被运用于对活态遗产桥梁的价值评价指标进行赋权。

（3）熵权法是根据指标变异性的大小来确定客观权重的方法。该方法在本书中被运用于对活态遗产桥梁的价值评价指标进行赋权，本书分别运用层次分析法和熵权法对其评价指标进行赋权，并将两者的赋权结果进行综合，从而得到量化的活态遗产桥梁价值评价模型，使研究成果能够在实践中得到运用并保证其科学性。

（4）模糊综合评价法是指运用模糊数学中的隶属度理论，将定性转化为定量的评价方法。该方法在本书中被运用于对武汉长江大桥、兰州黄河铁桥和福建屏南万安桥进行价值评价，并将评价结果与本书构建的活态遗产桥梁价值评价模型的评价结果进行对比，从而验证本书提出的加权评价法的科学性和准确性。

三、技术路线

本书围绕活态遗产桥梁的价值及其评价，确定了"一个核心、三大版块、三类方法"的技术路线（图1-8）。

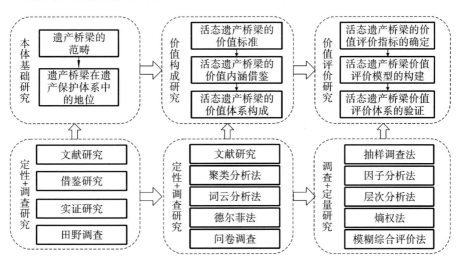

图 1-8 技术路线图

（图片来源：作者绘制）

第二章 遗产桥梁在遗产保护体系中的地位

第一节 遗产桥梁的范畴

所谓范畴即领域、范围，在哲学中是指能反映客观现实现象的基本性质和规律性，以及规定一个时代科学理论思维特点的最基本概念。针对遗产桥梁而言，则是指其研究领域，包括种类构成与内涵构成两大方面，以下将分别就其狭义与广义的范畴给予阐述。

一、狭义遗产桥梁的范畴

狭义的遗产桥梁主要是针对具有突出的普遍价值的桥梁个体而言的，笔者根据本书对文献的综合，将其种类范畴理解概括为以下几点。

（1）世界遗产体系中的遗产桥梁，包括已被纳入《世界遗产名录》的遗产桥梁和符合世界遗产标准的潜在遗产桥梁。

（2）各国政府遗产保护体系中的遗产桥梁，如被中国文物保护体系纳入的遗产桥梁，还有被美国国家史迹、国家历史地标、国家古桥名录纳入的遗产桥梁等。此类保护体系虽在世界各国均有不同的称谓和不同的类别归属，但在此不一一列举。

（3）具有突出的普遍价值，符合文化遗产的相关标准，但尚未进入各级各类保护体系的潜在遗产桥梁。该类桥梁是遗产保护领域的未来，也是人类在桥梁设计与建造领域不断发挥智慧与创新才能的空间，同时还预示着活态遗产桥梁未来广阔的用武之地。

狭义遗产桥梁的内涵范畴主要是围绕遗产桥梁个体展开的，其核心内容主要呈现在以下两大方面：①遗产桥梁个体的价值发掘研究，包括设计思想、历史地位、文化特征、结构工程、建造技艺、艺术与景观价值等；②遗产桥梁个体的保护研究，包括保护现状与问题、保护技术与方法、维修与重建等。

狭义遗产桥梁的内涵范畴也可根据桥梁景观的两大构成——本体景观与环境景观进行划分并构建。桥梁本体景观包括桥梁主体与附属物的结构、造型、风格、功能、技术、美学等，桥梁环境景观则包括桥梁立地、通航、夜景、历史文化等，分别揭示其物质文化遗存与非物质文化遗存的价值、评价、维护、管理与利用等方面的内涵。对遗产桥梁的本体景观内涵一般少有人心存疑虑，而对其环境景观的构成却存在一定的认识偏差，下面参考《西安宣言》①（ICOMOS，2005）的相关解释给予补充说明。

根据《西安宣言》，古建筑、古遗址和历史区域的周边环境指："紧靠古建筑、古遗址和历史区域的和延伸的、影响其重要性和独特性或是其重要性和独特性组成部分的周围环境。除了实体和视角方面的含义之外，周边环境还包括与自然环境之间的相互关系；所有过去和现在的人类社会和精神实践、习俗、传统的认知或活动、创造并形成了周边环境空间中的其他形式的非物质文化遗产，以及当前活跃发展的文化、社会、经济氛围。"

据此，狭义遗产桥梁的范畴应包括：①桥梁本体建筑，如结构选型、造型、功能、施工技术、美学、设计师等；②桥梁附属建筑，如装饰性建筑、雕塑、碑刻等；③桥梁周边环境，如道路、通航、绿地、湿地、夜景、社区环境等；④桥梁规划、设计、施工、技艺传承、维修、保养等。其中的非物质文化遗存内涵应包括：①桥梁建造技艺及其传承；②桥梁相关的文学艺术内涵；③桥梁设计师、计算书、施工技术、传承、历史文化等。

上述研究内容应为遗产桥梁的主要研究内涵，但现有的研究大多是针对遗产桥梁个体的物质文化遗存，特别是桥梁本体景观展开的，而对遗产桥梁的非物质文化遗存少有涉及，且对形成遗产桥梁文化景观的环境要素的

---

① 2005年10月，ICOMOS第15届大会通过《关于古建筑、古遗址和历史区域周边环境的保护》，即《西安宣言》。

研究也有缺失。事实上,遗产桥梁的研究是需要顾及相应的物质文化和非物质文化遗存两大方面的,也更需要揭示桥梁的文化景观属性内涵。

二、广义遗产桥梁的范畴

笔者认为广义的遗产桥梁除涵盖上述狭义的种类与内涵范畴外,更是一个遗产门类,在工程景观学体系中还是一个独立的分支学科方向。其研究内涵不仅囊括狭义遗产桥梁的内涵,同时其更加注重的则是作为一个独立的遗产门类所呈现出的共性特征及其保护管理体制。笔者将其概括为以下两大方面。

(1) 狭义遗产桥梁的所有内涵。

(2) 遗产桥梁的保护与管理体系。包含遗产桥梁的分类体系、评选机制、价值评价标准、保护与管理体制等。

任何一个新的遗产门类的诞生都需要进行大量的基础性研究工作,以明确其概念内涵及外延、共性特征、分类体系、评选机制、价值标准、保护利用、管理体制等,从而建立起该遗产门类完善的理论体系并以此指导其保护与管理实践,而广义的遗产桥梁研究即有此任。笔者希望通过本书研究工作的开展和推广,为遗产桥梁这一新的遗产门类最终得到认可打下坚实的基础。《世界遗产桥梁报告》作为广义的遗产桥梁研究的开端,研究了遗产桥梁作为一个独立的遗产门类成为世界遗产的入选条件和评选机制,而本书将接力研究活态遗产桥梁的价值内涵和评价模型,从而为遗产桥梁门类的理论体系添砖加瓦。

第二节　世界遗产认证体系中的遗产桥梁

1972年,联合国教科文组织第17届大会正式通过了《保护世界文化和自然遗产公约》(*Convention Concerning the Protection of the World Cultural and Natural Heritage*,简称《世界遗产公约》),以世界遗产委员会为管理机构,同时设立世界遗产基金和建立《世界遗产名录》,使自然和文化遗产的保护成为全人类共同关注和努力的事业。

最初的世界遗产被简单地划分为自然遗产和文化遗产,但随着遗产保护理念的发展和更新,世界遗产的保护体系也在不断扩充并最终形成四大家族,即自然遗产、文化遗产、自然与文化双重遗产、非物质文化遗产[①]。该四大家族中的遗产桥梁便是本章研究的主要对象。

除此以外,还有一些广义的世界遗产,如联合国教科文组织于1992年启动的文献保护项目——世界记忆遗产[②]、联合国粮食及农业组织(FAO)发起的全球重要农业文化遗产(Globally Important Agricultural Heritage Systems,简称GIAHS)、国际灌溉排水委员会(ICID)2014年启动的世界灌溉工程遗产项目等。鉴于这些类型尚未被世界遗产委员会正式纳入世界遗产体系,故而本章的研究并未涉及上述类别。

一、《世界遗产名录》中的桥梁

根据《世界遗产公约》,世界文化遗产分为三大类别:文物、建筑群和遗址,涉及遗产桥梁的主要为前两类。之后,世界遗产委员会陆续确立了文化景观、历史城镇、遗产运河、遗产线路四种特殊的文化遗产类型。到2017年,世界各国共有1073项世界遗产被联合国教科文组织列入《世界遗产名录》,其中涉及的遗产桥梁情况如下文所述。

(一) 以"文物"类别进入《世界遗产名录》的遗产桥梁

截至2017年,以"文物"类别进入《世界遗产名录》的遗产桥梁共有9处(表2-1),其中除墨西哥的腾布里克神父水道桥外,其余8处均位于欧洲(英国3处、西班牙和波黑各2处、法国1处)。

---

① 2003年10月,联合国教科文组织正式通过的《保护非物质文化遗产国际公约》,以"非物质文化遗产"取代之前的"人类口头和非物质遗产"的概念。

② 又称世界记忆工程、世界档案遗产。

表 2-1　以"文物"类型列入《世界遗产名录》的遗产桥梁

遗产名称	遗产影像	所属国	入选时间
加尔桥（也译为嘉德水道桥）		法国	1985 年
塞哥维亚古城及水道桥		西班牙	1985 年
乔治铁桥		英国	1986 年
莫斯塔尔古城和古桥		波黑	2005 年

续表

遗产名称	遗产影像	所属国	入选时间
维斯盖亚桥		西班牙	2006年
迈赫迈德·巴什·索科罗维奇古桥		波黑	2007年
旁特斯沃泰水道桥及运河		英国	2009年
福斯桥		英国	2015年

续表

遗产名称	遗产影像	所属国	入选时间
腾布里克神父水道桥		墨西哥	2015年

(资料来源:联合国教科文组织网站,http://whc.unesco.org/en/list/,作者整理)

(二) 作为"建筑群"类型的遗产点进入《世界遗产名录》的遗产桥梁

目前已进入《世界遗产名录》的建筑群大致有26处,而此类建筑群又包含众多的遗产点,其中也不乏遗产桥梁。如意大利卡塞塔的18世纪花园皇宫、凡韦特里水渠和圣莱乌西建筑群中的凡韦特里水道桥,还有巴勒莫的阿拉伯-诺曼风格建筑群中的海军元帅桥等。事实上,因为桥梁在该类遗产中的附属地位,要完全厘清该类建筑群文化遗产中的遗产桥梁是有一定困难的。下面仅以我国进入该类遗产的建筑群——北京故宫为例,对其中的遗产桥梁进行统计,谨以此说明该类隐身于建筑光环下的遗产桥梁的众多数量与甄别难度。

北京故宫中的遗产桥梁共有9处,均为明清时期的石拱桥,分别位于太和门前、武英殿东侧、武英门前、协和门旁、文渊阁前、三座门前、东华门内、澄瑞亭内和浮碧亭内(图2-1)。这些遗产桥梁因位于世界遗产保护区内,均得到了较好的保护,但除太和门前的金水桥和武英殿东侧的断虹桥外,其余均为无名桥梁,遗产桥梁在建筑群遗产中的附属地位可见一斑。正因如此,有关此类遗产桥梁的研究非常之少,这给桥梁的保护和维修带来一定的问题,甚至导致其在修复时因缺乏相关的资料和依据而失去历史原貌。

(三) 作为"历史城镇和城镇中心"类型的遗产点进入《世界遗产名录》的遗产桥梁

在1977年颁布的《实施世界遗产公约的操作指南》中,第一次提出"城镇建筑群"的概念,并将已经没有人居住,但其过去的历史风貌仍保持不变的

图 2-1　北京故宫中的遗产桥梁

(图片来源：作者改绘)

城镇,仍然有人居住、但因受到社会、经济、文化发展而有所改变的历史性城镇,以及保存完好的城镇遗址、具有特殊自然环境或空间格局的城镇和历史中心区、具有上述特征的 20 世纪新兴城镇等均列入文化遗产的保护范围[①]。2005 年,世界遗产委员会正式确立了"历史城镇及城镇中心"这一特殊的遗产类型。

该类遗产中的桥梁数量更多,仅就意大利的威尼斯而言,城内的桥梁就有 401 座(图 2-2)[②]。除了大家熟知的里亚托桥(图 2-3)、叹息桥(图 2-4)等外,其他的桥即使是威尼斯本地人也难以厘清。

---

① UNESCO. Convention concerning the protection of the world cultural and natural heritage [Z]. 1977.
② 资料来源:https://www.dugoogle.com/shijiezhizui/building/23830.html。

图 2-2　威尼斯平面图

图 2-3　里亚托桥

（图片来源：作者摄影）

图 2-4　叹息桥

（图片来源：作者摄影）

笔者仅以我国 1997 年进入该类型的历史城镇——丽江古城为例，对其中的遗产桥梁进行整理，以此说明该类活态遗产桥梁的众多与保护过程的难度。

丽江古城世界遗产包括大研古镇遗产区和黑龙潭遗产区（图 2-5），古城的桥梁多因水系狭窄而为搭建于水面的木板或石板，体量较大的多为明清时期的石拱桥，遗憾的是其中大部分都在 1996 年的 7.0 级大地震中被毁，现有的桥梁多为后期重建，保存较为完好的遗产桥梁仅存 7 处，分别是位于黑龙潭遗产区的五孔桥、锁翠桥（图 2-6）和位于大研古镇遗产区的双石桥、大石桥、小石桥、百岁桥、万子桥（图 2-7）。

图 2-5　丽江古城遗产区　　　　图 2-6　丽江黑龙潭遗产区中的桥梁分布

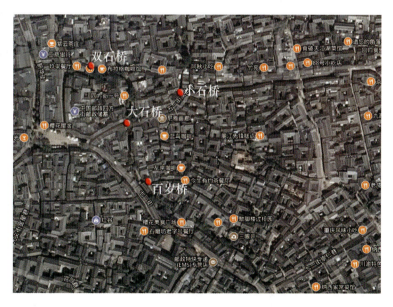

图 2-7　丽江大研古镇遗产区中的桥梁分布

（图片来源：作者改绘）

这 7 处遗产桥梁沿着玉龙雪山融水形成的水系自西北向东南分布，均为活态遗产桥梁，其基本情况见表 2-2。

表 2-2　丽江古城遗产区中的遗产桥梁

分布区域	名称	影像	建造年代	简介
大研古镇遗产区	双石桥		明代	单孔石拱桥
	大石桥		明代	古城内最大的石拱桥，中河上连接古城东西的主要通道，又名映雪桥
	小石桥		明代	单孔石拱桥
	百岁桥		清道光年间	又名仁寿桥，因位于古城中出过百岁老人的百岁坊而得名
	万子桥		明代	连接七一街和崇仁巷的主要通道，为明代祈求子嗣的富户捐建

续表

分布区域	名称	影像	建造年代	简介
黑龙潭遗产区	五孔桥		清乾隆年间	五孔石拱桥,位于黑龙潭出水口,因桥栏杆上刻有石象、石狮,又名相思桥
	锁翠桥		清光绪年间	廊屋式风雨桥,位于黑龙潭溢水口,是丽江境内保存最完好的风雨桥

(资料来源:作者整理。图片来源:作者摄影)

这些遗产桥梁都因位于世界遗产和我国历史文化名城的保护区内而受到较好的保护,其上的一草一木都不允许被破坏且要以活态形式存在。但由于自然灾害的不可预见性和遗产桥梁的不可移动性,除大石桥、小石桥、百岁桥和万子桥外,其余遗产桥梁均有部分修复或重建。由于遗产桥梁在该类世界遗产中的附属地位,相关的研究与资料保存均缺乏体制保障,故而这些复建的桥梁是否还能保持其原真性均是存疑的。

(四)作为"文化景观"类型的遗产点进入《世界遗产名录》的遗产桥梁

遗产桥梁作为文化景观的重要组成部分,毫无疑问地成为已被列入《世界遗产名录》的文化景观遗产中的遗产点,如中国庐山中的观音桥、奥地利瓦豪文化景观中的格里尼克大桥、意大利瓦尔·迪奥西亚公园文化景观中的双飞桥等。

同样限于数量的庞大和资料收集的难度,笔者仅以我国进入该类型的文化景观——杭州西湖为例,对其中的遗产桥梁进行整理,以此说明遗产桥梁面临的保护困境。

杭州西湖遗产区内共有 24 处桥梁,分别沿苏堤、白堤、杨公堤分布(图 2-8)。

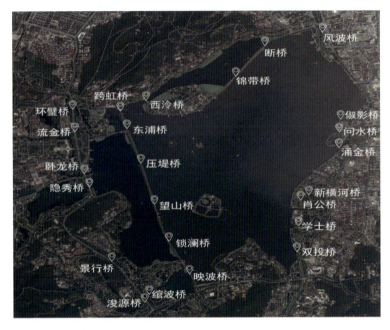

图 2-8　杭州西湖中遗产区中的桥梁分布

(图片来源:作者改绘)

除位于缟波亭畔和问水亭畔的无名桥梁外,其余 22 处桥梁的基本情况见表 2-3。

表 2-3　杭州西湖遗产区中的桥梁

分布区域	名称	影　　像	建造年代	简　　介
白堤	断桥		唐代	单孔石拱桥,因《白蛇传》而闻名,现桥为 1941 年改建

续表

分布区域	名称	影像	建造年代	简介
白堤	锦带桥		宋代	单孔石拱桥,旧称碧涵桥,1914年重修
	西泠桥		六朝齐	单孔石拱桥,桥身以一对长系石和明柱构成框箍结构,2004年重修桥面并铺设石板
苏堤	映波桥		北宋	半圆石拱桥,苏堤六桥的第一桥,1921年桥面改石级为斜坡
	锁澜桥		北宋	半圆石拱桥,整桥长16.9 m,净宽6.4 m,单孔净跨6.2 m,1921—1923年桥面改石级为斜坡
	望山桥		北宋	半圆石拱桥,整桥长16.9 m,净宽7 m,单孔净跨4.7 m,1921—1923年桥面改石级为斜坡

续表

分布区域	名称	影像	建造年代	简介
苏堤	压堤桥		北宋	半圆石拱桥,整桥长16.9 m,净宽4.0 m,单孔净跨6.3 m,眺望全湖的最佳处之一
	东浦桥		北宋	半圆石拱桥,整桥长16.8 m,净宽4.3 m,单孔净跨5.9 m,1921—1923年桥面改石级为斜坡
	跨虹桥		北宋	单孔石拱桥,苏堤六桥中坡度最大、造型最圆润的石拱桥
杨公堤	环璧桥		明弘治年间	单孔石拱桥,因靠近净空院,玉泉之水从桥下过而得名
	流金桥		明弘治年间	单孔石拱桥,因水出自金沙滩而得名
	卧龙桥		明弘治年间	单孔石拱桥,因靠近龙潭而得名

续表

分布区域	名称	影像	建造年代	简介
杨公堤	隐秀桥		明弘治年间	单孔石拱桥，因沿堤屈曲、苍翠掩映而得名
	景行桥		明弘治年间	单孔石拱桥，桥名来自《诗经》："高山仰止，景行行止"
	浚源桥		明弘治年间	单孔石拱桥，靠近发祥祠，虎跑和珍珠二泉都从桥下流过，桥名来自《诗经》："长发其祥，所以要浚导"
南山路—滨湖路—环城西路	风波桥		宋代	西湖中较为少见的木质桥梁，因靠近风波亭而得名
	俶影桥		宋代	单孔石拱桥，又名九曲桥
	涌金桥		五代	单孔石拱桥，因靠近涌金门和涌金池而得名

续表

分布区域	名称	影像	建造年代	简介
南山路—滨湖路—环城西路	新横河桥		清光绪五年（1879年）	单孔石拱桥，由下城区仓河下北端整体迁移至此
	肖公桥		清乾隆八年（1743年）	单孔石拱桥，原名报恩桥，由秋涛路小学整体迁移至此
	学士桥		南宋	单孔石拱桥，位于西湖十景之一的柳浪闻莺景区内
	双投桥		宋代	又名长桥，2002年重建

（资料来源：作者整理。图片来源：作者摄影）

杭州西湖遗产区内的桥梁多为单孔石拱桥，建造时间多为两宋年间和明清时期。这些桥梁桥体的保存情况较好，但大部分都经历了修复或重建，尤其是桥面和桥栏多为民国时期和现代重建。杭州市是古桥迁移式保护的拥趸者，新横河桥和肖公桥均为整体迁移至此。西湖遗产区内的桥梁均为活态遗产桥梁，杨公堤六桥可供机动车辆通行，而其余桥梁则可供自行车和游人通行。故而不少桥梁均经历过历史的步行式到适应现代交通的缓坡式的改造。而西湖中不少桥梁为异地古桥的置入，这些做法是破坏了遗产桥梁的原真，还是丰富了其原真内涵，值得深思。

(五) 作为"遗产运河"类型的遗产点进入《世界遗产名录》的遗产桥梁

1994年,在西班牙召开的以遗产运河为主题的专家会议提出了"运河"这一新的遗产类型,并指出:"运河是一种人工水道,作为一种线性文化景观或一个复杂的文化景观的组成元素之一,其本质或作为该类文化遗产的特殊代表在历史或技术方面具有突出的普遍价值。"①2005年,世界遗产委员会正式确立了"遗产运河"这一特殊的遗产类型。目前,《世界遗产名录》中的遗产运河共有5处:法国米迪运河(Cana du Midi,1996年)、加拿大丽都运河(Ridean Canal,2007年)、英国旁特斯沃泰运河(Pontcysyllte Canal,2009年)、荷兰辛格尔运河以内的阿姆斯特丹17世纪同心圆型运河区(Seventeenth-Century Canal Ring Area of Amsterdam Inside the Singelgracht,2010年)、中国大运河(The Grand Canal,2014年)。

遗产运河的保护内容包含三个层次:"一是运河河道及其附属设施;二是与运河相关的遗迹,包括因运河而生的城镇、建筑等;三是运河周边的环境景观及非物质文化遗产②。"遗产桥梁属于其中的第一层次,是遗产运河的重要组成部分,现有遗产运河的遗产点中也有不少遗产桥梁的存在。

以中国的大运河遗产为例,它地跨京、津、冀、鲁、豫、皖、苏、浙8个省(市),包括27段河道遗产和58处遗产点,其中遗产桥梁共有7座(表2-4)。

表2-4 中国大运河遗产中的遗产桥梁

遗产桥梁	所在地	遗产影像	建造年代	简介
万宁桥	北京		元至元二十二年(1285年)	单孔汉白玉石拱桥,坐落于北京城中轴线上,元代大运河漕运的始点

---

① Report on the expert meeting on heritage canals[R]. Spain,1994,11.
② 单霁翔."活态遗产":大运河保护创新论[J].中国名城,2008(2):4-6.

续表

遗产桥梁	所在地	遗产影像	建造年代	简　介
东不压桥	北京		明永乐十八年（1420年）	御河上端的东西向石桥，明清两代皇城墙从半边桥上越过
宝带桥	江苏苏州		始建于唐元和年间（816—819年），现桥由明清两代修建	全桥用金山石筑成，中国现存古桥中最长的(316.8 m)多孔（53孔）石桥
拱宸桥	浙江杭州		始建于明崇祯四年（1631年），康熙五十三年（1714年）重建	三孔薄墩联拱驼峰桥，杭城古桥中最高、最长的石拱桥，京杭大运河南段起点
广济桥	浙江杭州		始建于明弘治二年（1489年）	古运河上仅存的一座七孔石拱桥

续表

遗产桥梁	所在地	遗产影像	建造年代	简介
八字桥	浙江绍兴		始建于南宋嘉泰年(1201—1204年),宝祐四年(1256年)重建	石壁石柱墩式石梁桥,陆连三路、水通南北,是我国最早的"立交桥"
长虹桥	浙江嘉兴		始建于明万历年间,清康熙五年(1666年)重修	嘉兴市最大的石拱桥,大运河上罕见的巨型三孔实腹石拱大桥

(资料来源:作者整理)

这7座遗产桥梁,或作为运河的起始点,或作为运河的重要节点,各有特色,且都具有较高的历史、科学和景观价值。被纳入大运河世界遗产对其保护具有十分重要的意义,但这些遗产桥梁的保护均采用的是静态保护方式。长达2700 km的中国大运河现今存在的桥梁难以胜数,但硕果仅存的遗产桥梁只有7座,这说明遗产桥梁存在因时代的交通压力而难以有效保护的巨大难题。故而可以说遗产桥梁是需要得到遗产体制关注的一个遗产门类之一。

二、《世界非物质文化遗产名录》中的桥梁营造技艺

2009年,由浙江省丽水市的庆元县、温州市的泰顺县和福建省宁德市的屏南县、寿宁县、周宁县联合申报的"中国木拱桥传统营造技艺"被联合国教科文组织列入《急需保护的非物质文化遗产名录》,由此拉开了桥梁非物质文化遗产保护与管理的序幕,这也是世界遗产桥梁体系中唯一的一个非物质文化遗产。

中国木拱桥传统营造技艺的核心技术是"编梁"(图2-9),主要传承方式是家族或师徒的口头传授和个人示范(图2-10),其主要特点见表2-5。

图 2-9　中国木拱桥编梁技艺　　　　图 2-10　中国木拱桥传统营造技艺传承

表 2-5　中国木拱桥传统营造技艺的特点

类型	特　　点
理论基础	以传承人对环境以及结构力学的认知体系为基础
营造方法	采用原木材料,使用传统大木建筑工具及手工技法,运用"编梁"等核心技术,以榫卯连接并构筑成极其稳固的拱架桥梁
营建过程	木拱桥的建造工作按照严格的程序,由一名大木师傅指挥,其他木匠配合操作完成
传承方式	通过口头传授和个人示范流传下来,抑或通过师傅对学徒的教授或是作为家族手艺,代代相传
文化功能	作为传统工艺的载体,木拱桥既是传播工具,也是传播场所。它们是当地居民重要的聚集场所,人们在木拱桥上交流信息、开展娱乐活动、举行祭拜仪式,在加深感情的同时也凸显地域文化特征
社会功能	中国传统木拱桥营造的文化空间提供了一个促进人与人之间交流、了解与互相尊重的环境,而这些也是木拱桥传统营造技艺的重要非物质文化遗产内涵

(资料来源:联合国教科文组织网站,http://whc.unesco.org/en/list/,作者整理)

　　由此可见,桥梁的非物质文化遗产的研究,不仅包括桥梁营造技艺,也包括桥梁及其周边环境的文化、地理和社会生活空间。中国木拱桥的营造技艺已经传承了上千年,并创造了数量众多的木拱桥,但近几十年来,城市化进程加快、年轻人传统文化观念淡薄、木材稀缺、机动交通普及等因素威胁到了木拱桥工艺的传承与存活,这一传统已有所流逝。

三、潜在的世界遗产桥梁

除了已经被列入《世界遗产名录》的桥梁以外，ICOMOS 和 TICCIH 发布的《世界遗产桥梁报告》中，列举了世界各地 122 处具有世界遗产潜质的桥梁名单（包括 2 种分布广泛的桥梁类型和 120 座桥梁），并根据桥梁的材料类型，按照时间顺序对这些桥梁的设计和建造进行了简要介绍。ICOMOS 和 TICCIH 列举的这些潜在世界遗产桥梁绝大多数都是近现代桥梁，并且该清单中特别列出了"moveable and transporter bridges（可开启和提供交通的桥梁）"这一类型，虽未明确提出"活态遗产桥梁"一词，但却表现出对此类遗产桥梁的关注。

笔者对该清单中的 120 座潜在遗产桥梁所处的地域进行了分析，发现《世界遗产桥梁报告》中提及的潜在遗产桥梁绝大部分集中在欧洲，其次为美洲（北美）。其中，中国的潜在遗产桥梁只有 2 处，即河北的赵州桥和福建漳州的江东桥（也叫虎渡桥、通济桥），在这份名单中所占的比例非常小。不仅仅是中国，整个亚太地区都存在同样的问题，亚洲和大洋洲合计所占的比例仅为 5.8%，总共只有 7 处潜在遗产桥梁入选（表 2-6）。

表 2-6 《世界遗产桥梁报告》中提及的潜在遗产桥梁地区分布状况

地区	数量	比例	具 体 分 布
欧洲	87	72.5%	英国 23，意大利 7，西班牙 8，土耳其 2，德国 17，法国 14，捷克 1，葡萄牙 3，瑞士 8，俄罗斯 1，匈牙利 1，罗马尼亚 1，荷兰 1，瑞典 3
美洲	26	21.7%	美国 23，牙买加 1，加拿大 2
亚洲	6	5%	中国 2，柬埔寨 1，伊朗 1，日本 2
大洋洲	1	0.8%	澳大利亚 1
合计	120	100%	—

注：其中有 3 座桥梁为瑞士和德国共有。

（资料来源：作者根据《世界遗产桥梁报告》整理）

中国与亚太地区的遗产桥梁极少被关注，反映出两方面的问题：一方面是我国对遗产桥梁的研究与宣介不足，这使我国很多遗产桥梁不被世界所识;另一方面则反映出世界遗产体系的话语权偏见,这导致世界遗产的东西方区域不平衡性。虽然近年来联合国教科文组织一直在努力解决这一不平衡性,但毕竟世界遗产的认定标准和价值评价体系是源自西方并以其为主导的,而且欧美地区在这些方面的理论和实践也不可否认地走在世界的前列。

这份名单中提到的桥梁"均展现了重要桥梁的类型或桥梁技术的转折点",其中一些桥梁,如法国的加尔桥和英国的乔治铁桥,已被列入《世界遗产名录》。其他潜在遗产桥梁,如果给予充分的研究、比较和评价,就有可能被列入《世界遗产名录》候选名单。因此,《世界遗产桥梁报告》在前言的最后指出:"不是所有的世界遗产候选桥梁均被提及,国际工业遗产保护委员会(TICCIH)和其成员国负责对这些异于寻常的桥梁进行鉴别并提出充分证据,从而使得这些桥梁就像那些已经被认定的伟大建筑和自然遗迹一样得到欣赏和保护。"由此看来,未来将有更多的遗产桥梁进入世界遗产的保护体系。2012年11月17日,中国国家文物局发布《关于印发更新的〈中国世界文化遗产预备名单〉的通知》,闽浙木拱廊桥被正式列入我国申报世界文化遗产的预备名单,中国首个以遗产桥梁身份正式进入《世界遗产名录》的文化遗产指日可待。这些木拱廊桥主要分布在福建省东北部和浙江省南部(图2-11),且很多都是活态的。

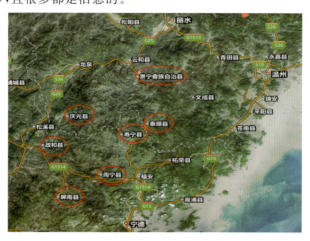

图 2-11 闽浙木拱廊桥的分布情况

(图片来源:作者改绘)

第三节 中国遗产体系中的遗产桥梁

中国的遗产保护体系较为复杂,包括国家文物局主管的世界遗产、重点文物保护单位,住房和城乡建设部、文化和旅游部及国家文物局共同主管的历史文化名城、历史文化名镇名村、历史文化街区及其单独主管的风景名胜区,林业部主管的国家公园、森林公园、湿地公园,自然资源部主管的地质公园,生态环境部主管的自然保护区等。本书根据这些遗产的类型和性质,将其归为世界遗产体系、文化遗产保护体系、自然保护地体系三大类别进行归类阐述。

一、《世界遗产名录》中的中国遗产桥梁

中国古代桥梁源远流长,在桥梁建造、桥梁形式、桥梁结构等方面都取得了巨大的成就,但截至目前,在中国现有的53处世界遗产中,还没有以"文物"类型被单独列入《世界遗产名录》的遗产桥梁,仅仅是部分桥梁作为建筑群、历史城镇、遗产运河等遗产门类的遗产点被列入《世界遗产名录》。这一部分内容在前文中已提及,故此处不再赘述。

二、国家文化遗产保护体系中的遗产桥梁

(一)文物保护体系中的遗产桥梁

我国的文物保护体系包括可移动文物保护和不可移动文物保护,其中的不可移动文物统称为文物保护单位,其保护层级分为三个,即国家级、省级和市(县)级。在我国现有的文物保护单位中,国家级的共有4296处,其中遗产桥梁共有96处(表2-7)。

表 2-7　全国重点文物保护单位中的遗产桥梁

批次	名　称	建造年代	地　　址	类别
第一批 (1961年)	泸定桥	1935年	四川省甘孜藏族自治州泸定县	革命遗址及革命纪念建筑物
	卢沟桥	—	北京市丰台区	
	安济桥(大石桥)	隋	河北省宁晋县	古建筑及历史纪念建筑物
	安平桥(五里桥)	南宋	福建省晋江市	
	永通桥(小石桥)	隋	河北省宁晋县	
第二批 (1982年)	程阳永济桥	民国	广西壮族自治区三江侗族自治县	古建筑及历史纪念建筑物
第三批 (1988年)	观音桥	宋	江西省庐山市	古建筑及历史纪念建筑物
	洛阳桥	宋至明	福建省泉州市	
	广济桥	宋至明	广东省潮州市	
第四批 (1996年)	灞桥遗址	隋至元	陕西省西安市	古遗址
	龙脑桥	明	四川省泸县	古建筑
第五批 (2001年)	十二桥遗址	商至西周	四川省成都市	古遗址
	东渭桥遗址	唐	陕西省高陵区	
	宝带桥	明	江苏省苏州市	古建筑
	古月桥	宋	浙江省义乌市	
	如龙桥(并入处州廊桥)	明	浙江省庆元县	
	八字桥(并入绍兴古桥群)	宋	浙江省绍兴市	
	江东桥	宋	福建省漳州市	
	小商桥	宋	河北省临颍县	
	岜团桥	清	广西壮族自治区三江侗族自治县	
	地坪风雨桥	清	贵州省黎平县	

续表

批次	名　　称	建造年代	地　　址	类别
第六批 (2006年)	跨湖桥遗址	新石器时代	浙江省杭州市	古遗址
	小双桥遗址	商	河南省郑州市	
	永济桥	明至清	河北省涿州市	古建筑
	单桥	明	河北省献县	
	弘济桥	明	河北省永年区	
	伍仁桥	明	河北省安国市	
	太仓石拱桥	明	江苏省太仓市	
	莲花桥和白塔	清	江苏省扬州市	
	新河闸桥群	宋至清	浙江省温岭市	
	寿昌桥(并入德清古桥群)	宋	浙江省德清县	
	赤溪五洞桥	宋	浙江省苍南县	
	泰顺廊桥	清	浙江省泰顺县	
	闽东北廊桥	清	福建省屏南县、寿宁县、柘荣县、古田县、武夷山市	
	鸣水桥	宋	江西省樟树市	
	清华彩虹桥	宋至清	江西省婺源县	
	卞桥	唐至金	山东省泗水县	
	坪坦风雨桥	清	湖南省通道侗族自治县	
	波日桥	清	四川省新龙县	
	葛镜桥	明	贵州省福泉市	
	金龙桥	清	云南省丽江市	
	双龙桥	清	云南省建水县	
	鸭绿江断桥	1950年	辽宁省丹东市	近现代重要史迹及代表性建筑
	钱塘江大桥	民国	浙江省杭州市	
	五家寨铁路桥	清	云南省屏边苗族自治县	
	兰州黄河铁桥	清	甘肃省兰州市	
	灞陵桥	民国	甘肃省渭源县	

55

续表

批次	名 称	建造年代	地 址	类别
第七批 (2013年)	八里桥遗址	夏	河南省南阳市方城县	古遗址
	沙河古桥遗址	秦、汉	陕西省咸阳市秦都区	
	琉璃河大桥	明	北京市房山区	古建筑
	下胡良桥	明	河北省保定市涿州市	
	方顺桥	明至清	河北省保定市满城县	
	登瀛桥	明至清	河北省沧州市沧县	
	衡水安济桥	清	河北省衡水市桃城区	
	襄垣永惠桥	金	山西省长治市襄垣县	
	平遥惠济桥	清	山西省晋中市平遥县	
	思本桥	宋	江苏省苏州市吴江区	
	东庙桥	宋	江苏省苏州市吴江区	
	七桥瓮	明	江苏省南京市秦淮区	
	蒲塘桥	明	江苏省南京市溧水区	
	护国寺桥和塔	宋	浙江省温州市苍南县	
	八卦桥和河西桥	宋	浙江省温州市瑞安市	
	西山桥	南宋	浙江省杭州市建德市	
	潘公桥及潘孝墓	明至清	浙江省湖州市吴兴区	
	双林三桥	清	浙江省湖州市南浔区	
	北岸廊桥	清	安徽省黄山市歙县	
	龙江桥	宋	福建省福州市福清市	
	宁海桥	元	福建省莆田市涵江区	
	逢渠桥	宋	江西省宜春市宜丰县	
	万年桥和聚星塔	明至清	江西省赣州市会昌县	
	太平桥	清	江西省赣州市龙南县	
	永镇桥	清	江西省赣州市安远县	
	玉带桥	清	江西省赣州市信丰县	
	平阴永济桥	明	山东省济南市平阴县	

续表

批次	名　称	建造年代	地　址	类别
第七批 （2013年）	大汶口古石桥	明至清	山东省泰安市岱岳区	古建筑
	永济桥	明至清	河南省信阳市光山县	
	兵书阁与文星桥	清	湖南省怀化市通道侗族自治县	
	广利桥	清	湖南省永州市东安县	
	安化风雨桥	清、民国	湖南省益阳市安化县	
	富川瑶族风雨桥群	明至清	广西壮族自治区贺州市富川瑶族自治县	
	慧爱桥	清	广西壮族自治区北海市合浦县	
	泸县龙桥群	明至清	四川省泸州市泸县	
	金勾风雨桥	清	贵州省黔东南苗族侗族自治州从江县	
	沘江古桥梁群	明至民国	云南省大理白族自治州云龙县	
	星宿桥和丰裕桥	清	云南楚雄彝族自治州禄丰县	
	桥上桥	清	陕西省渭南市华县	
	毓秀桥	清	陕西省渭南市韩城市	
	德清古桥群 （含第六批寿昌桥）	宋、元、明	浙江省湖州市德清县	
	处州廊桥 （含第五批如龙桥）	明至民国	浙江省丽水市庆元县、龙泉市、景宁畲族自治县、青田县、松阳县	
	绍兴古桥群 （含第五批八字桥）	元至民国	浙江省绍兴市绍兴市	

续表

批次	名 称	建造年代	地 址	类别
第七批 （2013年）	滦河铁桥	清	河北省唐山市滦县	近现代重要史迹及代表性建筑
	抗美援朝下河口公路断桥遗址	1950年	辽宁省丹东市宽甸满族自治县	
	济南泺口黄河铁路大桥	1912年	山东省济南市天桥区	
	武汉长江大桥	1957年	湖北省武汉市武昌区、汉阳区	
	渌江桥	1924年	湖南省株洲市醴陵市	
	广九铁路石龙南桥	1911年	广东省东莞市	

（资料来源：作者根据国务院公布的全国重点文物保护单位整理）

这96处遗产桥梁，分别归属于革命遗址及革命纪念建筑物、古遗址、古建筑、近现代重要史迹及代表性建筑等类别，其中又以古建筑居多（图2-12）。

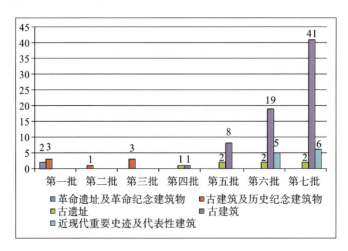

图2-12 全国重点文物保护单位中的遗产桥梁类型

这些遗产桥梁在全国重点文物保护单位中所占的比例见表2-8。

表 2-8　遗产桥梁在全国重点文物保护单位中所占的比例

类　　型	遗产桥梁数量/处	全国重点文物保护单位的数量/处	所占比例/(%)
革命遗址及革命纪念建筑物	2	84	2.38
古建筑及历史纪念建筑物	7	216	3.24
古遗址	7	1021	0.69
古建筑	69	1666	4.14
近现代重要史迹及代表性建筑	11	625	1.76
总数	96	4296	2.23

注：全国重点文物保护单位中的石窟寺及石刻、古墓葬等类型中没有遗产桥梁，故总数中的全国重点文物保护单位非表中数据总数。

（资料来源：作者整理）

除全国重点文物保护单位之外，省级、市（县）级文物保护单位中也有大量的遗产桥梁，因数量较为庞大，故在此不一一赘述，这些都是国家文保体系的重要后备力量。

（二）历史城镇保护体系下的遗产桥梁

我国的历史城镇保护体系包括历史文化名城、历史文化名镇、历史文化名村、历史文化街区（也称历史地段），其基本情况见表 2-9。

表 2-9　我国历史城镇保护体系的基本情况

类型	界　　定	保护级别	国家级数量/个
历史文化名城	保存文物特别丰富，具有重大历史文化价值和革命意义的城市	国家级、省级	133
历史文化名镇	保存文物特别丰富且具有重大历史价值或纪念意义的、能较完整地反映一些历史时期传统风貌和地方民族特色的乡镇和村落	国家级、省级、市（县级）	252
历史文化名村			276

续表

类型	界　定	保护级别	国家级数量/个
历史文化街区	保存文物特别丰富、历史建筑集中成片、能够较完整和真实地体现传统格局和历史风貌，并有一定规模的区域	国家级、省级、市（县级）	30

（资料来源：作者整理）

上述历史保护地中均有遗产桥梁的身影，以下分别进行阐述。同样限于数量的庞大和资料收集的难度，本书仅选取部分具有代表性的国家级历史保护地为例进行详细阐述。

1. 历史文化名城

中国最美丽的小城——凤凰古城，2001年被批准为国家级历史文化名城，笔者仅以其为例，对其中的遗产桥梁进行整理。

凤凰古城的遗产桥梁主要位于境内最大的水系——沱江上，自上游而下共有凤凰二桥、雨桥、凤凰大桥、雪桥、虹桥、风桥、观光桥、雾桥、云桥9处桥梁（图2-13）。

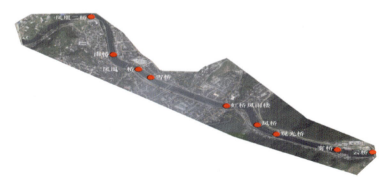

图 2-13　凤凰古城中的桥梁分布

（图片来源：作者绘制）

这9处桥梁中，凤凰大桥、凤凰二桥为现代公路桥，其余7处均为风雨桥。由于2014年7月发生过特大洪水，7处风雨桥中仅虹桥风雨楼

(图 2-14)是保存相对较好的遗产桥梁,风桥、雨桥、雪桥、雾桥均为凤凰籍著名画家黄永玉先生捐资和亲自设计的,并于 2012 年建成通行,云桥为 2015 年新建。

图 2-14　凤凰古城虹桥风雨楼

(图片来源:作者摄影)

通常情况下,在历史文化名城的保护中,较为注重对建筑的控制,但对桥梁却并未采取严格的保护和控制措施。尤其是将旅游业作为支柱产业的历史文化名城,由于旅游的发展强调交通的通达性,而桥梁又是重要的交通节点,许多旅游业较为发达的历史文化名城及其周边环境中都是将新建桥梁作为基础设施来对待的,其新建桥梁的数量也根据旅游交通的需要在不断增多,故而有关历史文化名城及其他遗产地中的新建桥梁如何与遗产保护相协调,甚至让新桥成为未来的潜在遗产桥梁,是桥梁界可以拓展的研究内容。

2. 历史文化名镇名村

同样限于数量的庞大和资料收集的难度,笔者仅以我国第一批历史文化名镇、世界文化遗产预选地——江苏省昆山市周庄镇为例,对其中的遗产桥梁进行整理说明。

周庄镇是典型的江南水乡古镇,四面环水、河网密布,其中的主要桥梁共有 24 处(图 2-15)。

图 2-15　周庄镇中的桥梁分布

(图片来源:作者改绘)

上述桥梁中,除 1 处无名桥梁未能详细考证外,其余 23 处中,周庄大桥和全福大桥为现代新建景观桥,分别为南北两面进出周庄的主要通道;南北 2 处闸门桥建于原古城城门处,用来控制来往船只的闸门,均为近年新建;蚬江桥、富贵大桥、福桥、禄桥、寿桥均为现代修建公路桥或景观桥;其余 14 处桥梁均为明清时期的石拱桥(表 2-10),其中保存较为完好的有全功桥、世德桥、永安桥、太平桥、富安桥、梯云桥、福洪桥、普庆桥、贞丰桥、通秀桥 10 处,而青龙桥、蚬园桥、隆兴桥、报恩桥则为 20 世纪 90 年代重建。所有桥梁均为活态存在,如何甄别与保护其中真正的遗产桥梁,又如何创造未来潜在价值的遗产桥梁,这值得我们深思。

表 2-10　周庄历史文化名镇中的明清时期桥梁

名称	影　像	建造年代	简　介
全功桥		清顺治年间	俗称北栅桥,为花岗石质地单孔拱桥,昆山市文物保护单位

续表

名称	影像	建造年代	简介
世德桥		明代	合称"双桥",桥面一横一竖,桥洞一方一圆,因样子很像古人们用的钥匙,也称钥匙桥,江苏省文物保护单位
永安桥			
太平桥		明嘉靖年间	单孔花岗石拱桥,桥身石缝里长的藤蔓遮掩着石拱洞券,桥旁是沈体兰旧宅
富安桥		元至正15年（1355年）	江南水乡仅存的立体型桥楼合璧建筑
梯云桥		明代	因电影《摇啊摇,摇到外婆桥》改名为外婆桥

续表

名称	影像	建造年代	简介
福洪桥		清嘉庆年间	单孔石拱桥
普庆桥		清雍正年间	单孔石拱桥，昆山市文物保护单位
贞丰桥		明代	单孔石拱桥，桥西有南社成员柳亚子等聚会的迷楼，现仍保存如初，一桥一楼相得益彰
通秀桥		清代	单孔石拱桥
青龙桥		明代	单孔石拱桥，现桥为1993年重建

续表

名称	影像	建造年代	简介
蚬园桥		清代	现桥为1993年重建
隆兴桥		明代	单孔石拱桥,现桥为1999年重建
报恩桥		明代中后期	俗称南栅桥,现桥为1994年重建

(资料来源:作者整理。图片来源:作者摄影)

3. 历史文化街区

限于数量较为庞大和资料收集的难度,笔者仅以我国第一批历史文化街区——江苏省苏州市山塘街历史文化街区为例,对其中的遗产桥梁进行整理说明。

山塘街历史文化街区水陆相傍,是典型的姑苏水巷,其中主要桥梁共有9处(图2-16)。这些桥梁大多数均经历过近现代改造,其是否还具有遗产桥梁的价值属性值得探讨。

除2座无名廊桥未能详细考证外,其余7处桥梁中除通贵桥和渡僧桥外,均为20世纪60年代重(改)建或近年重(改)建(表2-11)。

图 2-16　苏州山塘街历史文化街区中的桥梁分布

（资料来源：作者改绘）

表 2-11　苏州山塘街历文化史街区中的桥梁

名称	影像	建造年代	简介
新民桥		1927年建造，1966年重建	新民桥与公路桥和供行人通行的单孔石拱桥为一体，是苏州最早的立交桥之一
通贵桥		明弘治年间	典型的明清花岗岩石拱桥
山塘桥		清嘉庆年间	1963年改建为铁栏杆水泥平桥

续表

名称	影像	建造年代	简介
聚龙桥		明代	因处于京杭大运河、山塘河、中市河、南北护城河五条水系交汇之处得名,1978年,该桥被拆建成水泵站,现桥为2006年重建
渡僧桥		明代	现存桥面的钢筋混凝土结构为民国年间修铺
探桥		明洪武年间	原为石拱桥,1966年改建为水泥平桥,2006年改建为石桥
阊门吊桥		明洪武年间	初为木结构,明代改为石墩木梁桥,1934年在保留明清原构的东西的前提下,桥台仍翻建为钢筋水泥桥面,近年重新改建为廊桥

（资料来源：作者整理。图片来源：作者摄影）

凤凰古城、周庄古镇和苏州山塘街历史文化街区只是我国历史城镇保护体系中的个案,但反映出的以下几个问题却具有典型性。

（1）由于自然灾害的不可预见性和遗产桥梁的不可移动性,许多遗产桥梁都因自然灾害而损毁,对于此类桥梁,一般以原址重建或修复为主,但有些并未遵循"修旧如旧"的原则采用原来的工艺和材料恢复其原貌。

(2)历史城镇体系中的桥梁是因其处于保护区范围内而被纳入遗产保护体系,但不是所有的桥梁都具有与其保护级别相匹配的价值内涵。

(3)由于历史城镇的活态性质,当其受到城市化进程加快和现代交通负荷增大的影响时,遗产桥梁会因其重要的交通地位难以替代而成为首选的改造对象,部分遗产桥梁甚至为适应现代交通的需求而被迫拆除、重建或改建,尤其是在现代化程度较高的历史文化名城、历史文化名镇和历史文化街区中较为常见。

三、国家自然保护地体系中的遗产桥梁

我国的国家自然保护地体系主要包括自然保护区、国家公园、风景名胜区、国家森林公园、国家地质公园、国家湿地公园等。这些自然保护地绝大部分主要是以保护自然景观、自然生态环境为主,其中具有历史底蕴和文化内涵的遗产桥梁不多。

相对而言,我国自然保护地体系中遗产桥梁稍多的是风景名胜区。这些风景名胜区内不乏遗产桥梁的存在,如杭州西湖是我国第一批国家级风景名胜区,其中的遗产桥梁已在前文分析,故此不再赘述。这些遗产桥梁都位于风景名胜区内,都是风景名胜区保护范围内的对象,它们既是旅游者参观游览的对象,也为旅游者提供交通通行,有些甚至还是风景名胜区内的重要交通节点。但就风景名胜区整体而言,其保护的对象是风景名胜资源,桥梁不是其关注的重点,除了被明确列入保护清单的遗产桥梁外,大部分桥梁并未得到有效的保护。

国家自然保护地体系中的桥梁虽不多,但桥梁作为一种不干扰保护地的生态设施却具有举足轻重的作用。像青藏铁路通过可可西里的某些区段,便在藏羚羊迁徙路线中设施桥梁;而加拿大班夫国家公园则在高速上设置动物立交。这些做法均是桥梁为生态文明所作的崭新贡献,其价值能否得到遗产界的认可,我们拭目以待。

第四节　其他国家遗产体系中的遗产桥梁

一、日本遗产体系中的遗产桥梁

日本的文化遗产是根据日本《文化财保护法》确立的遗产保护体系,其类别包括物质文化遗产、非物质文化遗产、民俗文化遗产、风景名胜、文化景观、古建筑群、文化遗产保护技术和地下遗产等(表2-12)。

表2-12　日本文化遗产的类型

类　　型		包　含　内　容	按重要程度分类
物质文化遗产	建筑	建筑、绘画、雕刻、工艺品、书迹和典籍、古代文件、考古资料、历史资料等有形文化中,具有较高艺术和学术价值的部分	重要文物
			国宝
	工艺美术品		登记文物
非物质文化遗产		戏剧、音乐、工艺技术等无形文化中,具有较高艺术和历史价值的部分	重要非物质文化遗产
			认定授予保持者为"国宝级人物"
民俗文化遗产		包括风俗习惯、民俗艺术、民俗工艺和相关日常用品等,涉及服饰、饮食、住宅、职业、信仰、节庆等方面	重要物质民俗文化遗产
			重要非物质民俗文化遗产
			登记物质民俗文化遗产
风景名胜	古迹	具有较高历史和学术价值的遗迹,如贝冢、古坟、城市遗址、旧宅等	特别古迹
	名胜	具有较高艺术和鉴赏价值的名胜地,如庭园、桥梁、峡谷、海滨、山岳等	特别名胜
	自然景观	具有较高学术价值的动植物和矿物	特别自然景观

续表

类　　型	包 含 内 容	按重要程度分类
文化景观	日本各地区人民独特的生活、生产以及一方水土气候形成的景观,如梯田、里山等,即日本的原始人文风貌	重要文化景观
古建筑群	与周围环境融为一体,构成历史风情的城镇村落等	重要古建筑群
文化遗产保护技术	保护文化遗产过程中必需的制作、修理一类的技术	选定保护技术
地下遗产	仍处于地下埋藏状态的文化遗产	—

(资料来源:日本文化厅网站,http://www.bunka.go.jp,作者整理)

在日本的文化遗产保护体系中,遗产桥梁主要分布在有形文化遗产的建筑和有风景名胜的名胜两大类别中,其中的遗产桥梁见表2-13。

表 2-13　日本遗产体系中的遗产桥梁

遗产桥梁	建造年代	地区	遗产保护类别	入选时间
日吉大社日吉三桥（大宫桥、走井桥、二宫桥）	1573—1614 年	滋贺县	重要文物（建造物）	1917 年
眼镜桥	1634 年	长崎县		1960 年
旧弹正桥(八幡桥)	1878 年	东京都		1977 年
神子畑铸铁桥	1883—1885 年	兵库县		1977 年
末広桥梁(旧四日市港驿铁道桥)	1873 年	三重县		1998 年
日本桥	1911 年	东京都		1999 年
美浓桥	1916 年	岐阜县		2003 年
旧筑后川桥梁(筑后川升开桥)	1935 年	福冈县		2003 年
万代桥	1929 年	新潟县		2004 年
南河内桥	1926 年	福冈县		2006 年
永代桥	1926 年	东京都		2007 年

第二章 遗产桥梁在遗产保护体系中的地位

续表

遗产桥梁	建造年代	地区	遗产保护类别	入选时间
胜哄桥	1940 年	东京都	重要文物（建造物）	2007 年
清州桥	1928 年	东京都		2007 年
旧揖斐川桥梁	1886 年	岐阜县		2008 年
大江桥	1935 年	大阪府		2008 年
淀屋桥	1935 年	大阪府		2008 年
古河桥	1890 年	栃木县		2014 年
长浜大桥	1935 年	爱媛县		2014 年
锦带桥	1673 年	山口县	名胜	1922 年
猿桥	1851 年	山梨县		1980 年

（资料来源：日本文化厅网站，http://www.bunka.go.jp，作者整理）

截至2017年，日本重要文物（建筑）共有2474处，其中遗产桥梁有18处，占总数的0.73%；登记文物共10854件，其中遗产桥梁有178处，占总数的1.64%；名胜共376处，其中遗产桥梁有2处，占总数的0.53%。其中，重要文物（建筑）中的18处遗产桥梁和名胜类别中的2处遗产桥梁均已在表2-13中列出，而登记文物中的178处遗产桥梁，因数量较多故未一一列举。

二、美国遗产体系中的遗产桥梁

美国政府将认为值得保护的文化遗产登录为"国家史迹"，并于1966年设立《国家史迹名录》，其中的遗产桥梁共有2670处。限于数量的庞大，本书仅以纽约为例，对登录为国家史迹的遗产桥梁进行整理（表2-14）。

表 2-14 美国纽约《国家史迹名录》中的代表性遗产桥梁

名　　称	登录时间
布鲁克林桥	1966 年
老布莱尼姆桥	1966 年
惠普尔铁拱桁架桥	1971 年
斯宾格勒桥	1973 年

续表

名　　称	登　录　时　间
珀赖因桥	1973 年
蒂奥农达桥	1976 年
哈德利拱桥	1976 年
南华盛顿街拱桥	1978 年
皇后区桥	1978 年
波基普西铁路桥	1979 年
金斯敦港埃文悬索桥	1980 年
曼哈顿大桥	1983 年
华盛顿桥	1983 年
罗里格桥	1983 年
双跨金属普拉特桁架桥	1983 年
安德鲁街桥	1984 年
法院街桥	1984 年
奥利弗大道桥	1984 年
雷蒙德维尔拱桥	1984 年
索尔兹伯里公路桥	1987 年
贝德福德河桥	1989 年
纽波特石拱桥	1992 年
艾尔玛街石拱桥	1996 年
密尔街石拱桥	1996 年
斯蒂尔沃特大桥	1997 年
卡奈狄亚桥	1998 年
弗雷泽桥	1998 年
斯尔克街桥	1998 年
萨布尔河谷桥梁	1999 年
诺曼桥	1999 年
比尔桥	1999 年

续表

名　　称	登 录 时 间
兰尼桥	1999年
斯莱特桥	1999年
沃尔顿桥	1999年
威明顿桥	1999年
卡帕特尔平桥	1999年
康沃尔郡-哈德逊村的石拱桥	1999年
特拉华和哈德逊铁路桥	1999年
帕尔默布鲁克大桥	1999年
汉金斯石拱桥	2000年
塔斯滕石拱桥	2000年
拉利诺石拱桥	2001年
老城路石拱桥	2001年
瓦夸加鱼腹式桁架桥	2003年
罗克兰路桥	2005年
伍德路金属桁架桥	2005年
阿兰提特路石拱桥	2008年
布兰德霍勒路石拱桥	2008年
赫维街路石拱桥	2008年
摩尔路石拱桥	2008年
哈迪盖伦路石拱桥	2008年
伍德沃德路石拱桥	2008年
雅芳五拱桥	2012年
莫里斯刚轮渡桥	2014年

（资料来源：美国国家公园管理局网站，https://npgallery.nps.gov/，作者整理）

美国登录史迹中具有重大历史价值和高度完整性的建筑物、遗址、构筑物等，经过评选和审核之后，由联邦政府认定为"国家历史地标"，并按照《历史古迹法》进行保护与管理。1964年，布鲁克林桥成为美国国家历史地标。

三、欧洲国家遗产体系中的遗产桥梁

遗产桥梁在欧洲各国的遗产保护体系中分属于不同的其他遗产类别,限于数量较为庞大和资料收集的难度,本书仅列举其中的少数代表性遗产桥梁(表2-15)。

表2-15 欧洲国家遗产体系中的代表性遗产桥梁

国家	遗产桥梁	遗产类别
英国	东法雷桥	古迹
	福斯桥	一级登陆建筑
	普尔特尼桥	历史古城(巴斯)
法国	亚历山大三世桥	城市和风景遗产保护区
	飞马桥	历史文物及环境
意大利	里亚托桥	历史建筑
	维琪奥桥	历史场所

(资料来源:作者整理)

综上所述,遗产桥梁虽然没能作为一个独立的遗产门类,但各国的遗产保护体系中均较完备地包含了各类遗产桥梁,其保护与管理都有完善的法律保障,这也足见遗产桥梁在遗产保护体系中不可或缺的地位,但遗产桥梁在其中有份无名的状态是显而易见的。

第五节 本 章 小 结

从世界遗产到活态遗产,从文化景观、历史城镇与城镇中心、遗产线路、遗产运河等活态文化遗产逐步进入人们的视野到最终被列入世界遗产体系,短短几十年间,世界遗产保护的理论与实践走过了一个从静态保护到活态保护的发展历程。但活态遗产的生命还在延续,如何在保护的同时合理发挥其功能并在使用过程中加强保护,世界各国仍处于探索之中。而遗产桥梁虽是世界遗产委员会关注的遗产类别之一,但自1996年颁布的《世界遗产桥梁报告》之后,其理论研究一直停滞不前,活态遗产桥梁更是一个全新的课题。

在世界遗产及各国的遗产体系中,遗产桥梁虽然不是一个独立的遗产门类,却以古建筑、工业遗产、遗产运河、文化景观等其他遗产类别遗产点的身份占有一席之地。我国虽在文化遗产保护体系和国家自然保护地体系中拥有大量的遗产桥梁,但目前仅有中国木拱桥传统营造技艺入选世界非物质文化遗产和闽浙木拱廊桥进入世界遗产预备名单,这与我国作为桥梁大国的地位是不相匹配的,也反映出我国有关遗产桥梁研究和推介的不足。

目前进入世界遗产和各国遗产体系中的遗产桥梁,绝大多数都是历史久远的古桥,且多为静态桥梁遗产,但《世界遗产桥梁报告》所列的122处潜在世界遗产桥梁清单中,绝大多数都是近现代桥梁,这与本书开篇指出的近现代桥梁将是未来遗产桥梁主体的观点不谋而合,而该清单中对"可开启和提供交通的桥梁"这一类型活态遗产桥梁的关注,也与本书的关注点高度一致。

第三章　活态遗产桥梁的价值标准

所有世界遗产均有的两个重要的价值标准便是原真性和完整性,然而,不同性质的世界遗产还会有一些其他的价值标准,如活态遗产的延续性、工业遗产的稀缺性、遗产线路的系统性等。下面以活态遗产桥梁为立足点,来阐述、探讨其作为遗产价值标准的独特内涵。

第一节　原　真　性

自 1977 年《实施世界遗产公约的操作指南》充分吸纳了文物古迹和生态保护学界的观点,将原真性检验和完整性条件作为世界遗产的必备条件以来,原真性和完整性就成为世界遗产的基础概念和评判标准,故而也是评判活态遗产桥梁价值的重要标准之一。

原真性(authenticity,也译为真实性)一词来源于希腊语和拉丁语,融合了"authoritative(权威的)"与"original(原初的)"的双重含义,在中世纪时期,主要指的是宗教古籍及其他物质文化遗存的真实性。1964 年,《威尼斯宪章》提出"将文化遗产真实、完整地传承下去是我们的责任",从而奠定了原真性在遗产保护中的重要意义。而 1994 年的《奈良原真性文件》则将其作为世界遗产界定、评估和检验的基本因素,并认为它"是与遗产价值有关的最为基本的资格因素",至此,原真性成为文化遗产理论与实践领域中最重要的术语之一。

综合《威尼斯宪章》和《奈良原真性文件》有关原真性的表述,笔者认为原真性原则的内涵主要应包括以下四方面。

(1) 环境适用:原真性原则不仅适用于文化遗产本身,其所处的自然与人文环境的保护、评估、监控也应以该原则为标准进行鉴定与检验,即环境适用。

(2) 信息可靠:遗产价值的判断与评估取决于与之相关的信息源,包括形式、材料、功能、环境、位置等由物质成分构成的信息的真实度,以及设计、技术、传统、使用、精神等由非物质成分构成的信息的真实度两大方面,这些信息源是否真实有效直接影响到原真性检验的结果。

(3) 文化差异:基于文化的多样性特点,用范式化、单一的标准来评判文化遗产的价值和原真性是有问题的,应将原真性置于各自文化的文脉之中进行考虑,故而原真性的衡量标准也应具有文化差异,或者说是文化地域性的。

(4) 原样保存:要保存历史遗留的原物及其在各个时期的叠加物;修复的依据应该是以具有历史真实性和可靠性的文献为资料,整个修复过程都应该有详细的记录并应存档备查;经过修补、修复的部分应当具有可识别性,并标注修复的年代,该标注应永久保留;对文化遗产应当以原址保护为主,对已经不存在的古迹不应重建。

桥梁要成为遗产,也应满足原真性原则,正如 ICOMOS 和 TICCIH 在《世界遗产桥梁报告》中指出的:"像其他遗产一样,世界遗产桥梁必须在设计、材料、工艺或配置等方面通过原真性检验。"这与《操作指南》中的要求是一致的。对于遗产桥梁而言,在进行原真性检验时,上述原真性检验的四大内涵绝大多数均是可满足的,但由于桥梁的特殊性,其中某些条款亦非完全适合,如《世界遗产桥梁报告》中就列出了两种特殊情况:一是重建,二是迁移。这便是遗产桥梁与其他世界遗产相比对原真性原则理解的不同之处,也是遗产桥梁原真性的特殊性所在。

《世界遗产桥梁报告》指出"重建只有在拥有原有桥梁完整、详细的文档资料并不加任何猜想的基础上才是可以接受的",并举例说明,原真性标准适用于像日本岩国市的锦带桥(图 3-1)、意大利威尼斯的帕拉迪奥桥(图 3-2)等。而波黑的莫斯塔尔桥则是重建之后成为世界文化遗产的典型案例。

该报告还认为"一些在原有位置不能发挥功能而被移动的桥梁"也同样适用原真性原则。这在美国是很常见的,例如,当一个金属桁架桥不能承担交通功能时,就将它迁移到行人较少的河段,这种情况在其他国家也可能同样存在。"这属于某些类型桥梁的传统功能范围,不应被看作是影响被迁移物原真性的负面因素。"类似现象在中国也有,如位于三峡库区的重庆市涪陵区蔺市龙门桥,为避免水位上升之后被淹没而整体向梨香溪上游移位,该桥也是三峡库区唯一整体搬迁的古石拱桥;杭州市将新横河桥(图 3-3)、肖

图 3-1 日本锦带桥

(图片来源:作者摄影)

图 3-2 威尼斯帕拉迪奥桥

(图片来源:作者摄影)

公桥(图 3-4)等濒临破坏的活态遗产桥梁迁入西湖文化景观遗产区内进行保护。这些桥梁都是整体搬移,将桥梁的每一个构件一一编号后运往新址,然后按照编号进行复原,并在新址立碑介绍其来历及价值。故而遗产桥梁在原址难以得到有效保护时,选择类似并合适的环境进行迁移,也是符合其原真性原则的。

图 3-3 杭州新横河桥

(图片来源:作者摄影)

活态遗产桥梁历史上便界定了一定地域两岸的交通格局,由此又衍生出两岸特定的城镇空间格局,而当其难以承受当代繁重的交通压力之时,适时的迁移便是遗产桥梁保护的良策。否则,活态遗产桥梁面临的大多便是拆除消失的命运,这也是中国大量古桥丧失的主要原因之一。因为原址保护带来的是两岸城镇空间与交通格局的重大改变,而为适应该种改变不仅经济投入巨大,还会带来因两岸的商业格局消长、出行关系变化、房地产价

图 3-4　杭州肖公桥

（图片来源：作者摄影）

值变异等引发的社会不安定问题。

故而，活态遗产桥梁在保持原来的材料、工艺、技术基础上的重建与迁移均是适用于原真性原则的，但因活态遗产桥梁所处的交通战略位置，当其不能满足现代交通需求的时候，迁移式保护方式应成为活态遗产桥梁保护的首选方式，这种保护方式的适时运用也应成为活态遗产桥梁对世界遗产保护体系中的原真性原则的思想贡献。

第二节　完　整　性

完整性一词来源于拉丁语"integritas"，表示完整无缺的、原初的状态。完整性原则首次出现于《操作指南》（1977 年版）时主要是针对自然遗产，要求自然遗产在符合世界遗产价值标准的同时还应符合完整性原则，并对自然遗产 4 条价值标准的完整性原则进行了详细解释，但对文化遗产并未强制要求满足这一原则。直到世界遗产全球策略自然和文化遗产专家会议（1998 年，荷兰阿姆斯特丹）上才对这一做法提出了质疑，并明确提出应将完整性原则运用到文化遗产的检验中，该思想在 2005 年版的《操作指南》中得到了体现。

2005 年版的《操作指南》不再将自然遗产和文化遗产的评价标准分开阐述，而是将其结合在一起构成世界遗产普遍价值的 10 大标准（前 6 条对应文化遗产,后 4 条对应自然遗产),并认为完整性原则是衡量自然遗产和(或)文化遗产及其特征的整体性和无缺憾性的必要标准,应适用于所有类型的世界遗产,同时指出完整性原则应包括三方面内容:"包括所有表现其突出的普遍价值的必要因素;面积足够大,确保能完整地代表体现遗产价值的特色和过程;避免受到发展的负面影响和(或)缺乏维护。"

综合上述对世界遗产完整性的理解,笔者认为活态遗产桥梁的完整性原则应主要包括三方面的含义。

(1) 要素完整:对体现活态遗产桥梁价值的所有要素的完整保护,这些要素不仅体现在空间维度上,如桥梁建筑遗存、空间格局、自然或景观环境等,也体现在时间维度上,即活态遗产桥梁在整个历史过程中产生和被赋予的社会文化要素。

(2) 影响评估:在活态遗产桥梁的认定、保护与管理中,要对各个时代留在活态遗产桥梁上的改动和变化结合对活态遗产桥梁本体价值的影响进行鉴定评估,其保护管理制度能够得到切实贯彻执行并确保活态遗产桥梁及其环境不受到周边活动的负面影响。

(3) 无形价值:保护的范围应包括所有体现活态遗产桥梁价值的要素,除了能够体现时代特征和价值内涵的物质遗存外,与活态遗产桥梁相关的非物质文化遗存或文化传统也应得到尊重和保护。正如《世界遗产桥梁报告》中指出的:"完整性原则正在被扩大到包括无形价值,如体现某个民族的精神或某个区域的特性,就像布鲁克林桥体现了纽约特征,金门大桥体现了旧金山特征,塔桥体现了伦敦特征,海港大桥体现了悉尼特征等。"

活态遗产桥梁作为活态遗产,其遗产形态、遗产价值仍处在不断的发展、变化之中。对此,ICOMOS 美洲委员会在 1996 年的《圣安东尼奥宣言》中指出:"活态文化遗产地的创建过程直到今天仍在继续,对人们而言,这种不间断的适应性改变可以为维持我们社会过去、今天和未来生活的连续性做出积极贡献;我们的传统通过它们得以维持,如同它们为应对社会需求而进化,这是遗产发展进程中的必然现象,也是文化遗产必不可少的内在组成要素;而为了保护遗产地的传统使用模式而做的某些实体性改变,并不一定会给遗产价值带来负面影响,甚至还可能为其增加新的价值内涵。因此,这些实物改变作为持续演变的一部分,是可被接受的。"对于活态遗产桥梁而言,随着历史的发展和时代的变迁,其遗产形态和环境景观有可能发生变化,但如果这种变化能够得到有效的控制并保证其文脉的延续,则应符合完整性原则。

以武汉长江大桥为例,自从1957年建成通车到如今,已历经了60余年的历史变迁(图3-5),大桥的主体建筑始终保持原样、整旧如旧,而周边环境景观的改变也是慎之又慎。

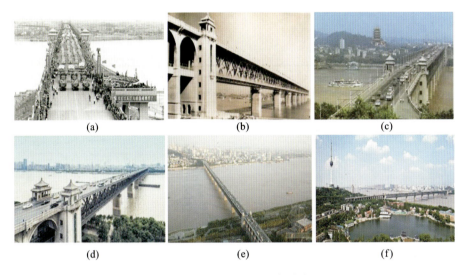

图3-5 武汉长江大桥60年的变迁

(a)1957年武汉长江大桥建成通车;(b)20世纪70年代的武汉长江大桥;
(c)20世纪80年代的武汉长江大桥(d)20世纪90年代的武汉长江大桥;
(e)2007年的武汉长江大桥;(f)2017年的武汉长江大桥

半个多世纪以来,武汉长江大桥周边新增了部分建筑,如晴川阁、黄鹤楼、龟山电视塔等,它们的建设均是从龟蛇两山、长江大桥一线牵的角度考虑的(图3-6),尤其是重建后的黄鹤楼与大桥浑然一体,不仅增加了历史厚重度,优化了环境景观,而且也为武汉长江大桥增添了新的文化内涵。而对于周边城区的环境景观控制,武汉市规划局制定了周边建筑控制导则,远离大桥2 km之外才允许有高层建筑出现,从而使得大桥与周边建筑的高度形成一个盆状。正是因为这些努力,武汉长江大桥的遗产特征才得以保存,虽然也有发展变化,但这种发展变化是有所控制的,影响是可以干预的,符合完整性原则。

图 3-6　龟山(电视塔)—武汉长江大桥—蛇山(黄鹤楼)一线牵

这里需要探讨的是上述原真性原则中的两种特殊情况,即重建和迁移的活态遗产桥梁的完整性。活态遗产桥梁的完整性应包含三方面的要素,即桥梁本体的完整性、周边环境的完整性、非物质文化遗产的完整性。活态遗产桥梁的重建,特别是原址重建,如按照原有的风貌、材料、工艺进行重建并完好保存其非物质文化遗产,应符合完整性原则。而迁移式保护的活态遗产桥梁,虽然通过整体迁移的方式保证了桥梁本身的完整性,但由于迁移之后其周边环境的变化在一定程度上影响其完整性,故而对于活态遗产桥梁而言,迁移式的保护应尽量选择与原有环境高度相似的区域,即迁移环境的相似度越高,活态遗产桥梁的完整性也就越高。如重庆涪市龙门桥原本位于梨香溪河口,因三峡库区蓄水而整体向上游迁移 300 m,其周边环境基本未发生改变,符合完整性原则。

第三节　延　续　性

"延续"的本意是按照原来的样子继续下去。活态遗产桥梁与静态遗产桥梁最主要的区别,就在于其最初的或历史发展过程中的功能仍在为人类的生产和生活服务。因此,延续性是活态遗产桥梁最核心的特征,主要表现为功能的延续和文化的延续。

活态遗产桥梁功能的延续性包括以下三种情况。

(1) 最初的或历史发展过程中的功能,如通车、通航、步行等功能至今仍在延续。如伦敦塔桥即使在封闭维修期间,下层桥面通航的功能仍未停止,意大利佛罗伦萨维琪奥桥、威尼斯里亚托桥、德国雷根斯堡石桥、伊朗三十三孔桥等,其原有的人行功能至今仍在延续。

(2) 在历史发展过程中部分功能丧失但部分功能仍在延续。如捷克布拉格查理大桥、西班牙科尔瓦多罗马桥、中国兰州黄河铁桥等活态遗产桥梁,由于桥身难以承受车辆荷载,从遗产保护的角度取消了通车的功能,仅保留人行交通的功能。

(3) 在历史发展的过程中功能发生改变。如布鲁克林桥建成之初主要是供人们步行或骑马渡过东河之用,之后陆续加设了电车专用的路轨和六条行车道,而最近该桥又在中间高架位置增加了一条专供自行车骑行的绿道。

虽然这些功能出现了一些变化,但交通这一大类的功能仍在延续,这种变化也是延续的体现。

需要说明的是,由于活态遗产桥梁功能的延续性,其遗产形态可能会因为满足功能和社会的需求而发生变化。例如:伦敦塔桥2014年在上层桥面新增长约11 m、宽约1.8 m、由6块钢化玻璃板排列组成的玻璃人行道(图3-7),以便游客可以透过玻璃地面360°俯瞰泰晤士河和两岸美景。这种对桥梁外观没有太大改变的功能适应,只要经过慎重的评估,确保不对遗产价值及其保护带来负面影响,那么对于活态遗产桥梁而言是可以接受的。

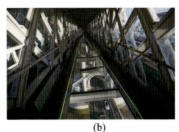

(a)　　　　　　　　　　　　　(b)

图 3-7　伦敦塔桥上层人行道

(a)伦敦塔桥木质人行道;(b)伦敦塔桥玻璃人行道

除了功能的延续性以外,活态遗产桥梁作为人类社会生产和生活发展史的见证,承载着丰富的历史和文化内涵,而这些历史和文化内涵也随着时代的发展延续下来,从这个意义上说,活态遗产桥梁也具有文化的延续性。例如我国闽浙地区的木拱廊桥,据唐寰澄先生考证,张择端《清明上河图》中的汴水虹桥可能是其原型,也有人认为它是由于北方的廊桥营造技术随着民族大迁徙南传,在浙闽山区独立发展起来并逐渐影响到全国的。不管是哪一种观点,木拱廊桥都是我国桥梁文化的传承和延续。而木拱廊桥传承至今,在文学、民俗、宗教等方面的文化内涵,如桥梁选址讲究风水,在廊桥上设置神龛祭祀神灵,举行上梁、踩梁、踏桥等造桥习俗和建桥礼仪,与廊桥相关的楹联文化、民间故事、神话传说等,这些都反映了人们对自然和神灵的崇拜,对自我和社会群体的认知等各个不同层面的心理趋向,呈现出浓郁的中华传统文化特质,直到今天仍然鲜活地存在于当地的社会生活之中。因此,文化延续是遗产桥梁延续中最为丰富精彩的,且是其活态特征最主要的存在价值。

活态遗产桥梁的价值在功能和文化的延续中也在发展变化,并在为人们的生产生活服务中继续创造着新的价值,故而遗产价值不仅没有降低,反而得到了增强。例如武汉大禹神话园建于武汉长江大桥与晴川阁之间的汉阳江滩上(图 3-8),并与桥头堡相互连通,它不仅是为了纪念大禹这位治水英雄,也是因为武汉长江大桥在建设的过程中,汉阳一侧的 3 个桥墩建在禹公矶上,而使原本的长江四大名矶之一面目全非,故而通过作为桥头公园的大禹神话园的建设,再现历史名矶的风采。现如今,晴川阁、大禹神话园、龟山电视塔与武汉长江大桥浑然一体(图 3-9),不仅延续了地域文脉,也为武汉长江大桥这一活态遗产桥梁增添了新的文化价值内涵。

不论是功能的延续性,还是文化的延续性,都与活态遗产桥梁所处的环境,尤其是社会环境是分不开的。活态遗产桥梁的功能延续在于当地的日常使用,文化的延续也是通过当地的生产生活方式和传统文化的传承或新文化的植入来实现的,因而,活态遗产桥梁延续性的关键在于遗产与社会环境之间的联系,他们拥有遗产的使用权和管理权,而这种权利也需得到尊重或延续,这也是遗产保护的延续性内容所在。

正因为延续性是活态遗产桥梁的核心价值之一,故而本书将其功能的

图 3-8　武汉大禹神话园

(图片来源:作者摄影)

图 3-9　武汉长江大桥—大禹神话园—晴川阁一线牵

(图片来源:作者摄影、改绘)

延续程度称为"活度"。"活度"的概念最早由刘易斯(G. N. Lewis)于1907年提出,主要用于物理、化学等自然科学中,指样品在单位时间内衰变掉的原子数,即某物质的"有效浓度",而活度系数则是指活度与浓度的比例系数。本书借鉴这一概念,用活度来测量活态遗产桥梁功能的延续程度,而活度系数则是其现存功能与原有功能的比例。显然,活态遗产桥梁根据其延续程度可分为三类,即轻度、中度与重度活态遗产桥梁。

1. 轻度活态遗产桥梁

轻度活态遗产桥梁的主要特点:桥梁原有的主要功能,如车马交通功能已经基本丧失,现在主要是承担两岸生活与生产的步行功能并起到联系两岸空间的功效。需要特别阐明的是,旅游观光的步行功能不在此列,主要因为旅游是一种人为的外力作用,不能反映活态遗产的功能延续,某种意义上它甚至会对原有功能产生挤出效应。轻度活态遗产桥梁的案例有捷克查理大桥、西班牙科尔瓦多的古罗马桥、中国兰州黄河铁桥等。

以位于捷克首都布拉格的查理大桥为例进行详细说明。该桥建成之初主要是供马车和行人通行,并在桥上设有马车轨道。1905 年,为适应近代交通的发展,取消马车轨道,改为电车,1908 年又增加公共汽车通行功能。但因此桥屡次被洪水损毁,故而在 1965—1978 年的大修后禁止了除步行以外的其他交通形式。该类原有车马交通功能已基本丧失,仅保留步行和生活联系功能的桥梁即为典型的轻度活态遗产桥梁。

2. 中度活态遗产桥梁

中度活态遗产桥梁的主要特点:桥梁原有的机动交通和人行交通功能仍在延续,但由于现代化交通负荷大大超过了此类活态桥梁遗产的设计荷载,故采取管理措施部分限制其机动交通功能,包括限行、限重、限高、限速等。中度活态遗产桥梁的案例有武汉长江大桥、南京长江大桥、钱塘江大桥等。

以武汉长江大桥为例进行详细说明。该桥全天禁止货车通行,其他车辆在每天 07:00—22:00 时间段实行单双号限行,日期尾号为单号时,限行车牌尾号为双号的车辆,日期尾号为双号时,限行车牌尾号为单号的车辆。该类采用管理方式对其原有交通功能进行部分限制的桥梁即为典型的中度活态遗产桥梁。

3. 重度活态遗产桥梁

重度活态遗产桥梁的主要特点:桥梁原有的或历史发展进程中的所有功能仍在延续,且未受到管理限制。重度活态遗产桥梁的案例有英国福斯铁路桥和福斯公路桥、美国旧金山金门大桥、澳大利亚悉尼海港大桥等。

以美国金门大桥为例进行详细说明。该桥始建于 1933 年,并于 1937 年建成通车,桥面设有 6 条车行道和 2 条人行道,时至今日,该桥仍是全世界最繁忙的桥梁之一,每天从桥上驶过的汽车约有 10 万辆。该类不受限制地延续其原有功能的桥梁即为典型的重度活态遗产桥梁。

需要说明的是,"活度"对遗产桥梁价值的影响主要集中在其使用价值方面,而对历史、科学、文化、景观等其他方面的遗产价值影响不大。活态遗产桥梁作为整体反映遗产保护与利用相结合的遗产类别，其使用价值应为遗产增分，但当其使用价值对历史、文化等方面的价值有负面影响时，则应该有所控制。

第四节 科 技 性

科技性是指符合客观实际，能够反映出事物的本质和内在规律的思想、行为与建造方式，包含科学与技术两大方面。自古以来，人类为跨越各种障碍而修建的桥梁，在设计、选址、结构、材料、建造等方面无不体现出人类的智慧和科技的进步，而随着近现代桥梁跨度、高度、环境复杂程度的不断刷新，桥梁科技也在飞速发展和创新，并已形成一个贯穿桥梁设计、建造和养护全过程的桥梁科技大系统。

21世纪的中国，桥梁科技再次站上了世界的巅峰，大跨度桥梁的设计、研发、试验和建造屡创佳绩，当今世界上技术难度创世界纪录的桥梁大部分都是由中国设计和建造的，自2000年以来，我国桥梁科技的创新共获得国家科技进步奖一等奖6个、二等奖26个（表3-1），而同样属于土木工程领域的建筑学、城乡规划、景观设计学等学科，却无法拥有此殊荣，足见科技性价值对活态遗产桥梁的分量与特殊性。

表3-1 我国桥梁设计与建设获国家科技进步奖一览表（2000年以后）

时间	名　　　称	奖项
2000年	万县长江大桥特大跨（420 m）钢筋混凝土拱桥设计施工技术研究	一等奖
	虎门大桥建设成套技术	二等奖
2001年	安徽铜陵长江公路大桥设计、施工成套技术	二等奖
2002年	大跨度低塔斜拉桥板桁组合结构建造技术	一等奖
2003年	多塔斜拉桥新技术研究	二等奖
2005年	铁路大跨度钢管混凝土拱桥新技术研究	二等奖
	上海卢浦大桥设计与施工关键技术研究	
	海上长桥整孔箱梁运架技术及装备	
	大跨径钢箱梁斜拉桥关键技术研究	

续表

时间	名称	奖项
2006年	国道205线滨州黄河公路大桥工程综合技术研究	二等奖
	混凝土桥梁施工期和使用期安全控制的关键技术	
	外高桥集装箱码头建设集成创新技术研究	
2007年	东海大桥(外海超长桥梁)工程关键技术与应用	一等奖
	柔性桥梁非线性设计和风致振动与控制的关键技术	二等奖
	特大跨径桥梁钢塔和深水基础设计施工创新技术研究	
	双层桥面无隔板预应力混凝土箱梁斜拉桥创新技术	
2008年	润扬长江公路大桥建设关键技术研究	二等奖
	城市轻轨与高架桥梁抗震与减震控制研究及工程应用	
2009年	大跨、高墩桥梁抗震设计关键技术	一等奖
	钢管混凝土拱桥建设成套技术	二等奖
	分阶段施工桥梁的无应力状态控制法与工程实践	
	公路在用桥梁检测评定与维修加固成套技术	
2010年	千米级斜拉桥结构体系、设计及施工控制关键技术	一等奖
2011年	大跨度铁路桥梁钢成套技术开发及应用	二等奖
	混凝土桥梁服役性能与剩余寿命评估方法及应用	
	大跨径桥梁钢桥面铺装成套关键技术及工程应用	
	强潮海域跨海大桥建设关键技术	
	山区拱桥建设与维护新技术研究及应用	
2012年	短线匹配法节段预制拼装体外预应力桥梁关键技术	二等奖
2013年	三索面三主桁公铁两用斜拉桥建造技术	一等奖
	长大跨桥梁结构状态评估关键技术与应用	二等奖
2016年	高速铁路标准梁桥技术与应用	二等奖

(资料来源:作者整理)

活态遗产桥梁能够在历史发展的进程中经历无数的风雨、撞击和破坏,直至如今结构依然完好,功能仍然能够延续,充分说明了这些桥梁在选址、设计、建造、管理和养护等方面的科技性。例如伦敦塔桥的下层桥面利用水力机械可以开合,自建成至今 100 多年,机械功能一直正常,从未发生故障,充分体现了当时设计和建造的科学合理。

活态遗产桥梁的科技性主要体现在设计的结构理性、选址的科学合理、建造的可行与创新等方面。现有活态遗产桥梁的科技性都十分显著,它们的设计理念、结构类型、使用材料、建造技术等多数都是某一方面的首例或世界纪录保持者(表 3-2)。

表 3-2　部分活态遗产桥梁科技性的主要体现

桥梁名称	科技性的主要表现
美国布鲁克林桥	当年世界上最长的悬索桥,世界上首次以钢材建造的大桥
美国金门大桥	罕见的单孔长跨距大吊桥之一,直到日本明石海峡大桥竣工前,一直保持世界上最高悬索桥桥塔的世界纪录
加拿大魁北克桥	迄今为止仍保持世界第一的悬臂梁桥跨径记录
瑞典斯特伦松德桥	世界第一座近代公路斜拉桥
英国福斯铁路桥	世界上第二长的多跨悬臂桥
西班牙维斯盖亚桥	世界上第一座且唯一一座仍在使用的能够在吊篮内同时运送人员和车辆的桥梁
上海外白渡桥	中国第一座全钢结构铆接桥梁和仅存的不等高桁架结构桥

(资料来源:作者整理)

综上所述,科技性是遗产桥梁,尤其是活态遗产桥梁最为突出的特点,故而也是制约近现代或当代桥梁能否成为遗产的关键因素之一。不具备较高科技性的桥梁,尤其是近现代桥梁,是很难成为遗产的。因此,科技性是活态遗产桥梁相较于其他类别的遗产最为突出的价值标准之一。

第五节　多　样　性

多样性是文化遗产的价值标准之一,也是联合教科文组织文化遗产保护的核心理念之一。《世界文化多样性宣言》[①]是全球第一份正式确立文化

---

① 2001 年 11 月联合国教科文组织第 31 届会议通过。

多样性概念,提出保护和促进文化多样性的国际文件,而《保护和促进文化表现形式多样性公约》①则明确指出"文化多样性是人类的共同遗产",将文化多样性定义为"各群体和社会借以表现其文化的多种不同形式,这些表现形式在他们内部及其间传承"。

多样性理念对文化遗产保护最直观的影响体现在《世界遗产名录》中的世界文化遗产门类的日益丰富,从文化景观、历史城镇及城镇中心、遗产运河、遗产线路等遗产门类正式进入世界遗产保护体系,到工业遗产、建筑遗产、遗产桥梁等遗产门类陆续进入国际遗产保护界的视野并逐渐得到重视。活态遗产桥梁作为一个新的遗产门类,正是文化多样性理念的直接体现。而不同区域、不同类型的活态遗产桥梁,代表着不同文化类别的多元化,并呈现出丰富多彩的物质形态与非物质文化内涵。例如中国的木结构廊桥、古罗马的水道桥、英国的钢铁桥,都是文化多元性在活态遗产桥梁领域的表现。

活态遗产桥梁的多样性还反映在桥型结构、建造材料、使用功能、跨越空间的类型等方面,由于该方面内涵比较专业且类别繁杂,故而在此以简表的形式予以呈现(表 3-3),不再赘述。

表 3-3　活态遗产桥梁类型的多样性及经典案例

分类标准	类　　型	活态遗产桥梁经典案例	
		桥梁名称	桥梁影像
结构类型的多样性	梁式桥	中国钱塘江大桥	

---

① 2005 年 10 月联合国教科文组织第 33 届会议通过。

续表

分类标准	类型	活态遗产桥梁经典案例	
		桥梁名称	桥梁影像
结构类型的多样性	拱式桥	澳大利亚悉尼海港大桥	
	刚架桥	迄今为止在各级遗产保护体系中尚未发现	
	悬索桥	美国布鲁克林桥	
	组合体系桥	索、梁组合体系（斜拉桥）	瑞典斯特伦松德桥
		梁、拱组合体系	英国沃克斯豪尔桥

续表

分类标准	类型	活态遗产桥梁经典案例	
		桥梁名称	桥梁影像
建造材料的多样性	木桥	瑞士卡佩尔桥	
	铁桥	泰国桂河大桥	
	钢桥	上海外白渡桥	
	石桥	意大利佛罗伦萨维琪奥桥	
	混凝土桥	英国格伦菲南高架桥	

续表

分类标准	类型	活态遗产桥梁经典案例	
		桥梁名称	桥梁影像
建造材料的多样性	钢筋混凝土桥	现有遗产保护体系中尚未有全钢筋混凝土桥,部分结构是钢筋混凝土的,如武汉长江大桥的引桥、桥墩等	
使用功能的多样性	公路桥	葡萄牙路易斯一世桥	
使用功能的多样性	铁路桥	英国福斯铁路桥	
使用功能的多样性	公铁两用桥	中国南京长江大桥	
使用功能的多样性	人行桥	捷克布拉格查理大桥	

续表

分类标准	类　　型	活态遗产桥梁经典案例	
		桥梁名称	桥梁影像
使用功能的多样性	水道桥	英国旁特斯沃泰水道桥	
跨越空间类型的多样性	跨河桥	加拿大魁北克桥	
	跨海桥	美国金门大桥	
	立交桥	绍兴八字桥	
	高架桥	法国威敖铁路大桥	

（资料来源：作者整理）

通过对活态遗产桥梁类型多样性的研究,可以得出以下五点结论。

(1) 刚架桥和斜拉桥绝大多数由于建造年代较新而影响其历史价值,故而在现有的遗产桥梁体系中所占的比例较小,但由于其设计与建造技术的创新和跨径记录的不断突破,它们是活态遗产桥梁的重要后备力量,未来将会在遗产保护体系中占有一席之地。

(2) 在现有的遗产桥梁体系中,活态遗产桥梁数量最多的是组合体系桥,理论上四种基本桥梁结构类型之间相互组合可以产生11种桥型,如果考虑不同材料的因素,那么数量更是不计其数,这就意味着组合体系桥使得桥梁的结构类型更加丰富、多样,即桥型的多样性。同时也说明,要使更多的桥梁成为遗产,现代桥梁设计界必须使用更为丰富多彩的结构形式,只有多样性的桥梁才是最具遗产价值潜力的桥梁,而活态遗产桥梁则是这些组合的佼佼者。

(3) 木桥是最早出现的桥梁形式,但由于其易燃、易腐蚀、承载力和耐久性有限等缺点,故而保存下来的数量不多,现存的木桥尚未有作为文化遗产进入《世界遗产名录》的,但各国的遗产保护体系中则多有木桥,如日本的锦带桥,我国的全国重点文物保护单位浙江庆元如龙桥、广西程阳永济桥等。虽然部分保存至今的木桥活态功能的延续性较强,如我国福建寿宁的杨梅洲桥、鸾峰桥等木拱廊桥均仍在发挥交通通行和生活联络的功能,但它们对遗产桥梁最大的贡献则是作为桥梁非物质文化遗产且延续性更强的木桥营建技艺。

(4) 钢桥在近现代活态遗产桥梁中占有相当大的比例,如加拿大魁北克桥、悉尼海港大桥、美国金门大桥、布鲁克林桥、中国上海外白渡桥等均属此类。钢结构的桥梁受世界遗产的青睐与材料有着莫大的关系,该类桥梁大部分钢结构可以实现小杆件更新,且承载力大,这是其保持永久生命力的重要因素,故而也是活态遗产桥梁的主体。而钢筋混凝土桥梁出现于19世纪后半叶,虽然发展速度很快、应用广泛,但一方面由于建造年代较新而影响历史价值,另一方面由于钢筋混凝土的使用寿命有限,故而一般很难成为遗产。在现有遗产保护体系中尚未发现全钢筋混凝土材料的遗产桥梁,只有当钢筋混凝土与其他材料进行组合运用时,如南京与武汉长江大桥的引桥等,才能增加其成为遗产的可能性。

(5) 水道桥在现有世界遗产桥梁中占有较大的比例,如在现有的 9 处文物类别的世界遗产桥梁中,水道桥共有 4 处,但除英国的旁特斯沃泰水道桥外,其余都属于静态文化遗产。人行桥在现存的活态遗产桥梁中数量是最多的,而公路桥、铁路桥、公铁两用桥由于多为近现代桥梁,其功能绝大多数仍在延续,虽在现有的遗产桥梁中所占的比例较小,但它们仍是活态遗产桥梁未来的主体。

综上所述,活态遗产桥梁应是未来遗产桥梁进入更高层次保护体系的最主要类别,而该类桥梁由于建造技术、使用材料的多样性,在成为遗产桥梁方面呈现出一些规律,如永恒的材料、可更换的构件等使得该类桥梁更容易成为遗产桥梁。这对我国当前的桥梁建设具有一定的指导意义,我国现代的桥梁建设主要以钢筋混凝土为主,建造材料日趋单一化,这对我国桥梁未来在世界遗产体系中的地位是有影响的,因此,立足于活态遗产桥梁,我国桥梁界当前最紧要的问题应是桥梁设计和建造材料的多样化。

第六节 本章小结

本章从原真性、完整性、延续性、科技性、多样性五个方面探讨了活态遗产桥梁的价值标准,同时指明了后三个特性对活态遗产桥梁的价值意义所在。笔者提出:延续性是活态遗产桥梁最核心的特征,其遗产价值在功能和文化的延续中得到增强;科技性是活态遗产桥梁相较于其他类别的遗产最为突出的价值标准之一,也是制约近现代或当代桥梁能否成为遗产的关键因素之一;活态遗产桥梁既是文化多元性的体现,同时由于结构类型和建造材料等的不同而呈现出多样性特征。文中还在延续性标准中提出了活度的概念,对于活态遗产桥梁而言,在保护的基础上使其继续发挥使用价值,才是保持桥梁生命力的根本途径。

第四章 活态遗产桥梁的价值内涵借鉴

由于活态遗产桥梁是一个全新的概念和领域,目前尚无人对其价值内涵进行研究,故而本章分别对遗产的普遍价值和工业遗产、历史园林遗产、建筑遗产等不同门类的遗产价值内涵进行研究,探寻其对活态遗产桥梁价值构成的可借鉴之处。

第一节 遗产的普遍价值内涵借鉴

一、世界遗产突出的普遍价值

世界遗产突出的普遍价值(Outstanding Universal Value,简称OUV),为《实施世界遗产公约的操作指南》中规定的凡提名列入《世界遗产名录》的遗产项目必须符合的一项或几项标准。为厘清世界遗产突出的普遍价值内涵,笔者将《操作指南》中枚举的价值体系采用聚类分析法,即根据观测指标之间的相似程度将研究对象分为相对同质群组的多元统计方法,在相似的基础上来聚类归并,分别采用不同的色块表示不同的价值类别,以此来提炼其核心价值内涵的大类性质(表4-1)。本章的内容对于遗产价值内涵未有明确说明的均沿用这一方法,最后将各板块之间的大类进行归并,以找寻适宜于活态遗产桥梁的价值分类体系。

表4-1 世界遗产突出的普遍价值内涵分析

序号	标 准	适用性
i	代表一种独特的艺术成就,一种创造性的天才杰作	世界文化遗产
ii	能在一定时期内或世界某一文化区域内,对建筑艺术、纪念物艺术、城镇规划或景观设计方面的发展产生过大影响	

续表

序号	标　准	适用性
iii	能为一种已消逝的文明或文化传统提供一种独特的至少是特殊的见证	世界文化遗产
iv	可作为一种建筑或建筑群或景观的杰出范例,展示出人类历史上一个(或几个)重要阶段	
v	可作为传统的人类居住地或使用地的杰出范例,代表一种(或几种)文化,尤其在不可逆转变化的影响下变得易于损坏	
vi	与具有特殊普遍意义的事件或现行传统、思想、信仰、文学艺术作品有直接或实质的联系(只有在某些特殊情况下或该项标准与其他标准一起作用时,此项才能成为列入《世界遗产名录》的理由)	
vii	可作为代表地球演化的各主要发展阶段的典型范例,包括生命的记载、地形发展中主要的地质演变过程或具有主要的地貌或地文特征	世界自然遗产
viii	可作为代表陆地、淡水、沿海和海上生态系统植物和动物群的演变及发展中的重要过程的典型范例	
ix	具有绝妙的自然现象或稀有的自然景色和艺术价值的地区	
x	可作为最具价值的自然和物种多样性的栖息地,包括有珍贵价值的濒危物种	

注：■历史价值　■艺术价值　■科学价值　■文化价值

(资料来源:《世界遗产公约》及《实施世界遗产公约的操作指南》,作者自制)

通过表4-1对世界遗产突出的普遍价值的聚类分析解读,可知世界遗产的核心价值内涵主要表现在历史价值、艺术价值、科学价值、文化价值四大方面。

二、中国文物的普遍价值

与世界遗产普遍价值的非明确性不同,我国在《中华人民共和国文物保护法》[①]中明确提出了文物的三大价值,即历史价值、艺术价值和科学价值,并在第二条中规定:在中华人民共和国境内受到国家保护的文物共有六大类(含具有科学价值的古脊椎动物化石和古人类化石这一特殊类型)。笔者同样采用聚类分析法对其进行解析(表 4-2)。

表 4-2 我国文物的普遍价值内涵分析

序号	标准
①	具有历史、艺术、科学价值的古文化遗址、古墓葬、古建筑、石窟寺和石刻、壁画
②	与重大历史事件、革命运动或者著名人物有关的以及具有重要纪念意义、教育意义或者史料价值的近现代重要史迹、实物、代表性建筑
③	历史上各时代珍贵的艺术品、工艺美术品
④	历史上各时代重要的文献资料以及具有历史、艺术、科学价值的手稿和图书资料等
⑤	反映历史上各时代、各民族社会制度、社会生产、社会生活的代表性实物
⑥	具有科学价值的古脊椎动物化石和古人类化石同文物一样受国家保护

注: ■ 历史价值 ■ 艺术价值 ■ 科学价值 ■ 文化价值

(资料来源:《中华人民共和国文物保护法》2017 年修正本,作者自制)

由表 4-2 可知,我国对文物价值的认定标准最为注重的是历史价值,其次为艺术价值和科学价值;法律条文中虽未明确指出文物的文化价值,但在内容上已有涉及,即表中提及的反映社会制度、社会生产、社会生活的代表性实物。

故而国际古迹遗址理事会中国国家委员会制定的《中国文物古迹保护准则》[②]中将文物古迹的价值认定为历史价值、艺术价值、科学价值、社会价值和文化价值,并对其价值内涵进行了详细解析(表 4-3)。

---

① 《中华人民共和国文物保护法》于 1982 年 11 月 19 日第五届全国人民代表大会常务委员会第二十五次会议通过,并于 1991 年 6 月、2002 年 10 月、2007 年 12 月、2013 年 6 月、2015 年 4 月和 2017 年 11 月分别进行修订。本书采用的是 2017 年修订的版本。

② 《中国文物古迹保护准则》是由国际古迹遗址理事会中国国家委员会制定,中华人民共和国国家文物局推荐,于 2002 年发行第一版,并于 2004 年、2015 年分别进行修订。本书采用的是 2015 年修订的版本。

表 4-3　《中国文物古迹保护准则》对文物古迹价值的解析

价值构成	价值内涵解析
历史价值	文物古迹作为历史见证的价值
艺术价值	文物古迹作为人类艺术创作、审美趣味、特定时代的典型风格的实物见证的价值
科学价值	文物古迹作为人类的创造性和科学技术成果本身或创造过程的实物见证的价值
社会价值	文物古迹在知识的记录和传播、文化精神的传承、社会凝聚力的产生等方面所具有的社会效益和价值
文化价值	文物古迹因其体现民族文化、地区文化、宗教文化的多样性特征所具有的价值
	文物古迹的自然、景观、环境等要素因被赋予了文化内涵所具有的价值
	与文物古迹相关的非物质文化遗产所具有的价值

(资料来源:《中国文物古迹保护准则》2017 年修订版)

该准则对文物古迹的价值认定,在《中华人民共和国文物保护法》提出的历史、科学、艺术三大价值的基础上,增加了社会价值和文化价值,体现了我国对遗产价值的认知从物质到非物质、从静态到活态的转变。

当前我国对于文物的界定主要是立足静态遗产制定的法规,故而静态的遗产桥梁基本上全部被该体系所包容,虽然近几年活态遗产桥梁也有部分被纳入该体系之中,但从总体上看,其价值内涵的"活态"特点在我国有关文物价值的表达上尚有一定的欠缺。

三、美国遗产的普遍价值

在美国 1966 年颁布的《国家历史遗产保护法》中,对国家登录遗产的认定标准有四个,只有符合这四个标准中的至少一个,才能成为国家登录遗产①。为厘清其价值内涵,同样采用聚类分析法进行梳理(表4-4)。

表4-4 美国国家登录遗产的普遍价值内涵分析

序号	标　准
①	与对国家的历史发展产生过重大影响的历史事件相关
②	与重要历史人物的生平相关
③	是某一类型、时期或建造方法的典型代表,或代表一类重要且可区分的实体(其组成部分可能缺乏个体差异)
④	具有发现历史或史前时期重要信息的可能性

注:■ 历史价值　■ 艺术价值　■ 科学价值　■ 文化价值
(资料来源:作者自制)

由此可见,美国国家登录遗产最为看重的是遗产的历史价值,而从国家登录遗产中遴选出的国家历史地标则从历史价值、艺术价值、科学价值、文化价值等多方面进行认定(表4-5)。

表4-5 美国国家历史地标的普遍价值内涵分析

序号	标　准
①	具有国家意义的重大历史事件发生地,该事件对美国历史有重大影响且可据此对美国历史有所理解与感悟
②	与美国历史上著名人物的活动有重要联系
③	代表美国人民的伟大智慧或理想
④	体现建筑类型的突出特点,特别是对研究一段时期、一种风格或一种模式的建筑具有重要意义,或其组成部分可能缺乏个体价值,但整体具有显著性或独特性的特殊实体
⑤	由某个环境下的完整的部分组成,这些部分各自不一定具有重要的历史价值和艺术价值,但整体上共同构成了具有突出的历史意义、美学价值和纪念意义,并阐述一种生活方式或文化特征的实体

① What You Need to Know about Listing on the National Register [Z]. Massachusetts Historical Commission,2006,11.

续表

序号	标　　准
⑥	考古遗址,通过揭示新的文化,已经产生或将可能产生具有重大科学意义的信息资料,或在很大程度上可能对理论、概念和观点产生影响的数据和资料

注:▇ 历史价值　▇ 艺术价值　▇ 科学价值　▇ 文化价值

(资料来源:作者自制)

此外,美国政府和遗产组织一般不将历史人物的墓地或出生地、隶属于宗教组织或用于宗教用途的遗产、从原址迁移或重建的历史建筑物、在过去已具有重大意义的遗产列入国家登录遗产和国家历史地标的考虑范围[①]。

正因为价值内涵认定的标准不同,故而美国国家登录遗产中的遗产桥梁很多,而这些遗产桥梁能够成为国家历史地标的却不多见。

第二节　工业遗产的价值内涵借鉴

工业遗产作为人类文明的重要载体和工业发展进程的重要见证,已得到国际社会的全面关注,其概念在《下塔吉尔宪章》(TICCIH,2003)中被界定为:"工业遗产及工业文明的遗存,它们具有历史的、科技的、社会的、建筑的或科学的价值。这些遗存包括建筑、机械、车间、工厂、选矿和冶炼的矿场和矿区、货栈仓库,能源生产、输送和利用的场所,运输及基础设施以及与工业相关的社会活动场所,如住宅、宗教和教育设施等[②]"。

根据上文概念中的"输送""运输"的界定,遗产桥梁作为一种工业产品,当前国际、国内达成的共识都是将其纳入工业遗产的范畴,现有世界遗产中的9处文物类型的遗产桥梁,如乔治铁桥、维斯盖亚桥、福斯桥等,都是以工业遗产的身份进入世界遗产名录的,故而工业遗产的价值内涵对遗产桥梁的价值构成具有直接的重要参考价值。

在《下塔吉尔宪章》中,对于工业遗产的价值有明确的认定,即历史价

---

① 李春玲,王晶.美国国家历史地标遴选与保护的思考——兼谈中国全国重点文物保护单位评定工作[J].中国文化遗产,2014(4):67-76.

② TICCIH. Nizhny Tagil Charter [Z]. 2003.

值、科技(科学)价值、社会价值、艺术(建筑)价值,并对其进行了详细的解释(表4-6)。

表4-6 《下塔吉尔宪章》中工业遗产的价值内涵分析

序号	标准
①	工业遗产是工业活动的见证,这些活动一直对后世产生着深远的影响。保护工业遗产的动机在于这些历史证据的普遍价值,而不仅是那些独特遗址的唯一性
②	工业遗产作为普通人生活记录的一部分,提供了重要的可识别性感受,因而具有社会价值。工业遗产在生产、工程、建筑方面具有技术和科学的价值,也可能因其建筑设计和规划方面的品质而具有重要的美学价值
③	这些价值是工业遗址本身、建筑物、构件、机器和装置所固有的,它存在于工业景观中,存在于成文档案中,也存在于一些无形记录,如人的记忆与习俗中
④	特殊生产过程的残存、遗址的类型或景观,由此产生的稀缺性增加了特别的价值,应当被慎重地评价。早期和最先出现的例子更具有特殊的价值

注: ■历史价值 ■艺术价值 ■科学价值 ■社会价值
(资料来源:作者自制)

此外,TICCIH还特别指出工业遗产的稀缺性价值,即"特殊生产过程的遗存或遗址"因稀缺性而被赋予了特别的价值,而"最先出现或早期的典型案例"则更具稀缺性价值。根据 TICCIH 的解释,稀缺性价值主要适用于静态工业遗产。

一、英国工业遗产的价值内涵借鉴

工业遗产作为文化遗产的门类之一,首先要具有英国文化遗产保护的纲领性文件《保护准则:历史环境可持续管理的政策与导则》认定的文化遗产的四大价值,即历史价值、物证价值、美学价值和共有价值[①]。其中,历史价值是指该遗产与重要的历史人物、历史事件等的关联性;物证价值是指该

---

① English Heritage. Conservation Principles: Policies and Guidance for the Sustainable Management of the Historic Environment [Z]. 2008.

遗产可以作为人类发展进程中生产、生活的见证；美学价值是指该遗产能从感官上给人带来美的享受；共有价值则是指该遗产对于与其相关的人或群体具有重要意义，或是其集体记忆或经验的组成要素之一。这四大方面的价值涵盖了文化遗产价值内涵的各个方面，其中物证价值和共有价值根据解释实为历史价值和社会价值，故而工业遗产作为文化遗产类别之一的共性价值，构成历史价值、美学价值和社会价值。

此外，英国对不同类别的文化遗产有不同的价值评定标准，其中与工业遗产相关的主要有两个价值评价导则：①作为登录建筑，在《登录建筑评定导则》(Principles of Selection for Listing Buildings)中规定共性价值标准为"国家价值、历史价值、建筑价值、美学价值、年代、稀缺性、选择性、修复状态"，并在工业建构筑物评选指南中将工业遗产的个性价值认定为"代表更为广泛和普遍的产业文脉、区位因素，保存完整的厂址、建筑、机器，生产流程、技术的革新，重建或修复情况[①]"；②作为登录古迹，在评定导则中规定其共性价值为"年代、稀有性、文献记录状况、保存情况、脆弱性、多样性"，并在工业遗址评选指南中将工业遗产的个性价值标准认定为"历史价值、共有价值、代表性和选择性、文献档案资料、保存现状、潜力[②]"。这两个价值评价导则中工业遗产的价值标准虽然较为具体，但由于均呈散点式分布，且尚未形成层次分明的价值体系，故而操作性不强，只是其中的部分条目可以作为活态遗产桥梁价值构成的参考。

二、我国工业遗产的价值内涵借鉴

2006年4月18日，首届中国工业遗产保护论坛会议在无锡召开，会上通过了《关于中国工业遗产保护的建议》(《无锡建议》)，明确提出"工业遗产是具有历史学、社会学、建筑学和技术、审美启智和科研价值的工业文化遗存。包括建筑物、工厂车间、磨坊、矿山和机械，以及相关的加工冶炼场地、仓库、店铺、能源生产和传输及使用场所、交通设施、工业生产相关的社会活

---

① English Heritage. Designation Listing Selection Guide: Industrial Structures [Z]. 2011.
② English Heritage. Designation Scheduling Selection Guide: Industrial Sites [Z]. 2013.

动场所,以及工艺流程、数据记录、企业档案等[①]"。对于工业遗产的价值,《无锡建议》给出了明确的认定标准,即历史价值、社会价值、科技价值、审美启智价值、独特性价值和稀缺性价值六大方面,并对其进行了详细的解释(表4-7)。

表 4-7 《无锡建议》对工业遗产价值的解析

价值构成	价值内涵解析
历史价值	对认识普遍的或某类工业活动和过程具有典型的、重要的意义
社会价值	工业遗产记载了普通大众的生产和生活,是社会认同感和归属感的基础
科技价值	它们在机械工程、工艺、建筑和规划等方面具有技术和科研价值
审美启智价值	在工厂(场)、建筑和构筑物的规划设计,工具和机器的设计和建造工艺方面具有美学价值以及启发后代人创造性思维的启智价值
独特性价值	有的工业遗产在场地适应、布局、机械和安装、城镇等工业景观、档案及留给人们的记忆和习俗等非物质遗产方面都具有内在的独特性
稀缺性价值	某些遗产在工艺、场地类型和景观方面濒临消失,使该工业遗产独具价值而需倍加关注,那些早期的具有开创性的工业景观更是如此

(资料来源:《关于中国工业遗产保护的建议》)

2018年1月,我国公布了首批《中国工业遗产保护名录》,这批名录既纳入了创建于洋务运动时期的官办企业,也包括新中国成立后的"156项"重点建设项目,涵盖了造船、军工、铁路、桥梁等门类,是我国具有典型代表性和突出价值的工业遗产,其中遗产桥梁共有8处,占到了总数的8%。笔者采用聚类分析法,根据该名录对这些遗产桥梁入选理由的解释,试对这批入选遗产桥梁的价值内涵进行解析(表4-8)。

---

① 北京大学景观设计学研究院,俞孔坚.关于中国工业遗产保护的建议[J].景观设计,2006(4):70-71.

表 4-8 《中国工业遗产保护名录》中的遗产桥梁价值解析

遗产名称	所在地	始建年份	主要遗存	入选理由
滦河铁桥	河北省滦县	1892 年	桥体	中国近代第一座大型铁路桥;中国人自己修建的第一座铁路桥;首次采用压气沉箱法等解决了工程难题;为我国培养了制造钢梁的第一批共 300 人的骨干
郑州黄河铁路桥	河南省郑州市	1907 年	南端 5 孔（长 160 米）	黄河上的第一座铁桥;卢汉铁路上的重要桥梁
天津金汤桥	天津市	1906 年	桥体	天津最早、目前国内仅存的三跨平转式开启的钢结构桥梁;象征天津解放的标志性建筑
上海外白渡桥	上海市黄浦区	1907 年	桥体	我国第一座全钢结构铆接桥梁;当今中国仅存的不等高桁架结构桥型;上海的标志之一,同时也是上海现代化和工业化的象征
济南泺口黄河铁路大桥	山东省济南市	1908 年	桥体	设计、构造、用材在当时都堪称先进,采用当时最为先进的气压沉箱等技术;中华人民共和国成立之前最具现代化特色的建筑物之一;是当时全国孔径最大的铁路桥梁
钱塘江大桥	浙江省杭州市	1937 年	桥体	中国人自主设计的第一座公路、铁路两用特大桥;由茅以升主持设计建造、炸毁并修复;首次采用气压法沉箱掘泥打桩

续表

遗产名称	所在地	始建年份	主要遗存	入选理由
武汉长江大桥	湖北省武汉市	1955年	桥体、引桥	长江上的第一座大桥,中华人民共和国成立后在长江上修建的第一座公路、铁路两用桥,被称为"万里长江第一桥";采用的大型管柱钻孔法是由中国首创的新型施工方法
南京长江大桥	江苏省南京市	1959年	桥体、引桥	长江上第一座由中国自行设计和建造的双层式铁路、公路两用桥梁;建桥过程中发展出低合金桥梁钢和深水基础工程等技术,培养了大批桥梁工程技术人员;是20世纪60年代中国经济建设的重要成就、中国桥梁建设的重要里程碑,具有极大的经济意义、政治意义和战略意义,有"争气桥"之称

注:▨ 历史价值　▨ 科学价值　▨ 社会价值　▨ 稀缺性价值

(资料来源:作者自制)

通过对《中国工业遗产保护名录》中8座遗产桥梁的入选理由进行分析,可以看出其价值主要体现在以下4个方面:①科学价值,包括桥梁结构类型、建造材料、施工技术的创新等;②历史价值,包括中国桥梁发展的重要见证、与重要的历史人物或事件相关等;③社会价值,主要体现在社会归属感和认同感以及精神象征意义等方面;④稀缺性价值,主要是桥梁结构的稀缺性。值得注意的是,部分桥梁的经济价值得到了关注,如郑州黄河铁路桥是卢汉铁路的重要桥梁及南京长江大桥重要的经济意义等。但遗憾的是,该名录对遗产桥梁的价值认定仍然是基于静态遗产的角度进行分析,而未关注其中比例占到5/8的活态遗产桥梁的"活的"价值,即为人们的生产和生活服务的功能仍在延续,并为经济和社会的发展创造着新的效益。

第三节　历史园林的价值内涵借鉴

"历史园林"这一概念是在1982年由ICOMOS和国际历史园林委员会在《佛罗伦萨宪章》中提出的。1992年,文化景观正式被纳入世界遗产体系时,保护世界文化与自然遗产政府间委员会在《实施世界遗产公约的操作指南》中对文化景观的三大类型进行了解释,并指出其中"由人类有意设计和建筑的景观"包括"出于美学原因建造的园林和公园景观"。

《佛罗伦萨宪章》中将历史园林定义为"以其历史性或艺术性被广为关注的营造和园艺作品①",并认为历史园林是"文化、风格、时代的见证"或"具有创造力的艺术家的独创性的见证",虽未明确提出其价值认定标准,但从以上解释中可知,历史价值和艺术价值应成为历史园林的核心价值内涵。

一、英国历史园林的价值内涵借鉴

成立于1983年的英格兰遗产委员会主要负责保护英格兰自然署所辖以外的文化遗产,例如登录建筑(listed building)、登录园林(register of parks and gardens)等。在其2003年颁布的《登录园林评选指南》(*Register of Parks and Gardens Selection Guide*)中,将历史园林分为乡村景观(rural landscape)、城市景观(urban landscape)、纪念性景观(landscapes of remembrance)和机构景观(institutional landscape)四大类型,并根据其遗产价值分为Ⅰ、Ⅱ、Ⅲ三个等级。在该指南中,将历史园林的价值认定为四个方面的内容:①对园林风格发展的影响,包括知名度和文学作品影响力;②是某一类型或风格的典型代表或早期作品,或出自著名的设计师之手;③与重要的历史事件或历史人物相关;④与周边遗产具有较强联系,可形成关联效应②。可见该组织将登录园林的价值认定为艺术价值、历史价值、关联价值。

---

① ICOMOS. The Florence Charter[Z]. 1982-12.
② English Heritage. Register of Parks and Gardens Selection Guide[Z]. 2013-3.

苏格兰遗产委员会在《苏格兰园林和设计景观清单》(The Inventory of Gardens and Designed Landscapes in Scotland)中,将历史园林的价值认定为七个方面:①作为单独的艺术品所具有的价值;②历史价值;③园艺、植物学或林学价值;④建筑价值;⑤风景(观赏)价值;⑥自然保护价值;⑦考古价值[①]。

历史园林中有大量的遗产桥梁存在,当上述价值标准中剔除植物特有的价值时,其余的价值内涵对活态遗产桥梁仍具有一定的参考意义。

二、北京历史名园的价值内涵借鉴

与欧美遗产保护机构通常将"建成30年以上"或"建成50年以上"的,并具有遗产保护价值的园林统称为历史园林不同的是,我国的历史园林多指中国古典园林。2015年3月,北京市根据《北京市公园条例》[②]公布了首批《北京历史名园名录》,共有25处历史园林入选。在《关于首批北京历史名园名录的说明》中,北京市历史名园被定义为"在北京市域范围内,具有突出的历史文化价值,并能体现传统造园技艺的园林[③]"。而在北京市域范围内,"依托文物古迹建设的园林"也被纳入其范畴。

对于北京历史名园的价值评价标准,《关于首批北京历史名园名录的说明》中有详细论述:"1949年以前始建的;北京市域范围内,曾在一定历史时期内或北京某一区域内,对城市变迁或文化艺术发展产生影响的园林;园林格局及园林要素至今尚存[③]",且"是北京古都风貌的重要组成部分,拥有无可替代的历史、艺术和科学价值[③]",如图4-1所示。

从图4-1可以看出,北京历史名园的价值被认定为历史价值、艺术价值、文化价值和科学价值。历史园林虽属活态遗产,但多为半公共的历史空间,其中的遗产桥梁一般情况下都会得到良好的保护,上述价值标准也多是从静态遗产的角度出发,仅从植物等方面考虑其活态价值。这与城市公共开

---

① 刘曦婷,周向频.近现代历史园林遗产价值评价研究[J].城市规划学刊,2014(4):104-110.
② 《北京市公园条例》于2002年10月17日北京市第十一届人民代表大会常务委员会第三十七次会议通过。
③ 北京市园林绿化局.关于首批北京历史名园名录的说明[Z].2015-3.

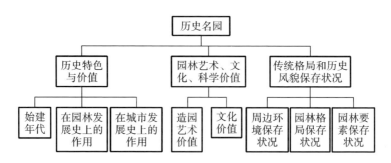

图 4-1 北京市历史名园价值评定标准

(资料来源:北京市园林旅游局《关于首批北京历史名园名录的说明》)

放空间中的遗产桥梁不同,后者的保护及其功能的延续会更加艰巨,其价值体系也会在此基础上更加突出活态的使用价值。

第四节 建筑遗产的价值内涵借鉴

建筑遗产这一概念在 1975 年欧洲委员会通过的《关于建筑遗产的欧洲宪章》(European Charter of the Architectural Heritage)中首次作为一个专有名词被提出,随后在 1985 年的《保护欧洲建筑遗产公约》(Convention for the Protecton of Architectural Heritage of Europe)中予以明确界定。

一、欧洲建筑遗产的价值内涵借鉴

根据《保护欧洲建筑遗产公约》,建筑遗产包括:①纪念物,即所有具有重要历史、考古、艺术、科学、社会或技术价值的建筑和构筑物,包括其装置及设备;②建筑群,即具有重要的历史、考古、艺术、科学、社会或技术价值的城市或乡村建筑群,并与特定地貌相协调;③遗址,即人与自然的合作工程,形成独特的、与地貌充分呼应的区域,具有重要的历史、考古、艺术、科学、社会或技术价值[①]。由此可见,这一时期对建筑遗产价值内涵的认知主要包括历史价值、艺术价值、科学价值和社会价值。

---

① 陈曦. 当代国际建筑遗产保护理论动向[J]. 建筑师,2011(2):96-101.

随着遗产保护理论的不断更新与发展,建筑遗产的价值内涵也在持续扩展,如 2003 年,ICOMOS 在津巴布韦通过了《建筑遗产的分析、保护和结构恢复的原则》(*Principles for the Analysis, Conservation and Structural Restoration of Architectural Heritage*),并指出:"建筑遗产的价值和真实性原则不能局限于固定的标准,出于对世界范围内所有文化的尊重,其物质遗存及价值应考虑其所属文化的文脉。"同年,联合国教科文组织世界遗产委员会在《操作指南》中将"建筑遗产"定义为"具有历史价值的建筑或建筑群(例如城镇)"。基于此,笔者试对国际遗产保护组织有关建筑遗产价值内涵的认定进行梳理,其结果如图 4-2 所示。

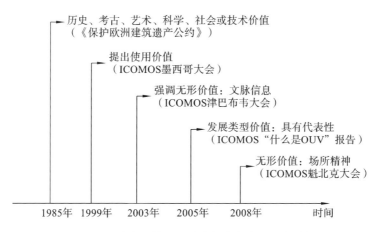

图 4-2　国际遗产保护组织对建筑遗产价值认定的发展

(资料来源:作者绘制)

从图 4-2 中可以看出,除了《保护欧洲建筑遗产公约》对建筑遗产历史、考古、艺术、科学、社会或技术价值的认定,ICOMOS 更为强调的是建筑遗产的使用价值和无形价值。这对我国的古桥技艺保存是有重要意义的,突出场所精神、尊重文脉都是有利于推进活态遗产价值认定甚至进入保护体系的。

二、我国建筑遗产的价值内涵借鉴

我国建筑学和遗产保护领域对于"建筑遗产"这一概念没有明确的界

定,经常使用的相关术语主要有历史建筑、文物建筑、古建筑等。常青等(2016)认为:建筑遗产有广义和狭义之分,广义的建筑遗产泛指历史上留存下来的"古建筑",而狭义的建筑遗产则是特指依法登录保护的"历史建筑",其价值内涵可分为历史纪念价值、留存和研究价值、文化象征价值、适应性利用价值四个维度[①]。

对于建筑遗产的价值认定,我国一般根据《中华人民共和国文物保护法》和《中国文物古迹保护准则》从历史价值、科学价值、艺术价值三个方面展开。对此,笔者的理解有三个方面:①历史价值:建筑遗产通过自身承载的及与周边环境、所处区域的空间关系中蕴含的历史信息,作为历史发展的见证并体现出特定的时代特征;②艺术价值:建筑遗产由于造型、构图、比例、尺度、色彩、肌理、质感、工艺、意境等多方面的设计和处理而形成的具有形式美感的综合性艺术;③科学价值:建筑遗产在设计理念、结构类型、建筑材料、建造技术、施工工艺等方面具有的创新性和科学性,以及对现代科学技术的发展和物质文明建设所具有的启发意义和借鉴价值。

而我国各地方政府在制定建筑遗产的保护法规时,对其价值内涵的认定却有不同的理解(表4-9)。

表4-9 我国部分地方政府对历史建筑的价值认定标准

地区	法规名称	实施时间	价值认定标准
上海市	《上海市历史文化风貌区和优秀历史建筑保护条例》	2003年1月1日	建成三十年以上,并有下列情形之一的建筑,可以确定为优秀历史建筑:①建筑样式、施工工艺和工程技术具有建筑艺术特色和科学研究价值;②反映上海地域建筑历史文化特点;③著名建筑师的代表作品;④在我国产业发展史上具有代表性的作坊、商铺、厂房和仓库;⑤其他具有历史文化意义的优秀历史建筑

---

① 常青,Jiang Tianyi,Chen Chen,等.对建筑遗产基本问题的认知[J].建筑遗产,2016(1):44-61.

续表

地区	法规名称	实施时间	价值认定标准
武汉市	《武汉市旧城风貌区和优秀历史建筑保护管理办法》	2003年4月1日	建成三十年以上，并有下列情形之一的建筑，可以确定为优秀历史建筑：①建筑样式、施工工艺和工程技术具有建筑艺术特色和科学研究价值；②反映武汉地域建筑历史文化特点；③著名建筑师的代表作品；④在我市各行业发展史上具有代表性的建筑物；⑤其他具有历史文化意义的建筑
杭州市	《杭州市历史文化街区和历史建筑保护办法》	2005年1月1日	具备下列条件之一，未公布为文物保护单位或者文物保护点的建筑物、构筑物，经市、县(市)人民政府批准，可以确定公布为历史建筑：①建筑样式、结构、材料、施工工艺或者工程技术具有艺术特色和科学研究价值的；②反映杭州历史文化和民俗传统，具有特定时代特征和地域特色的；③属于在产业发展史上具有代表性的作坊、商铺、厂房和仓库等；④属于与重大历史事件、革命运动或者著名人物有关的近现代重要的代表性建筑物、构筑物；⑤其他具有特殊历史文化意义的建筑物、构筑物
天津市	《天津市历史风貌建筑保护条例》	2005年9月1日	建成五十年以上的建筑，有下列情形之一的，可以确定为历史风貌建筑：①建筑样式、结构、材料、施工工艺和工程技术具有建筑艺术特色和科学价值；②反映本市历史文化和民俗传统，具有时代特色和地域特色；③具有异国建筑风格特点；④著名建筑师的代表作品；⑤在革命发展史上具有特殊纪念意义；⑥在产业发展史上具有代表性的作坊、商铺、厂房和仓库等；⑦名人故居；⑧其他具有特殊历史意义的建筑。符合前款规定但已经灭失的建筑，按原貌恢复重建的，也可以确定为历史风貌建筑

续表

地区	法规名称	实施时间	价值认定标准
黑龙江省	《黑龙江省历史文化建筑保护条例》	2016年3月1日	建成五十年以上，并符合下列条件之一，未核定公布为文物保护单位，也未认定为不可移动文物的建（构）筑物，可以认定为历史建筑：①建筑样式、结构、材料、施工工艺和工程技术具有建筑艺术特色或者科学研究价值的；②反映地方历史文化、民俗传统，具有时代特征、地域特色的；③在产业发展史上具有代表性或者典型性的；④与重大历史事件或者著名人物有关的；⑤具有其他历史、科学、艺术、社会价值，或者纪念、教育意义的。建成三十年以上，不满五十年，但是符合前款规定条件之一，且历史、科学、艺术、社会价值特殊或者纪念、教育意义重要的建（构）筑物，也可以认定为历史建筑
佛山市	《佛山市历史文化街区和历史建筑保护条例》	2016年3月21日	符合以下条件之一的建筑物、构筑物，可由市人民政府确定为历史建筑：①建筑样式、结构、材料、施工工艺或者工程技术反映地域建筑历史文化特点、艺术特色或者具有科学研究价值的；②反映佛山历史文化和民俗传统，具有特定时代特征和地域特色的；③作坊、商铺、厂房和仓库等在地方发展里程上具有代表性的；④与重要历史事件、革命运动和著名人物有关，具有纪念意义的；⑤其他具有历史文化意义的。对保护价值较高的历史建筑，由市人民政府报请省人民政府核定公布

续表

地区	法规名称	实施时间	价值认定标准
成都市	《成都市历史建筑和历史文化街区保护条例》	2017年8月1日	建成五十年以上，符合下列条件之一的建（构）筑物，可以认定为历史建筑：①与重大历史事件、革命运动、著名人物或者重要组织机构有关的；②反映优秀历史文化，体现城乡传统风貌、时代特征和地方特色的；③建筑样式、结构、材料、施工工艺和工程技术具有建筑艺术特色和科学研究价值的；④著名建筑设计师的代表作；⑤产业发展史上具有代表性的作坊、商铺、厂房等；⑥其他具有重要历史意义、纪念意义或者教育意义的 建成三十年以上不足五十年，但具有特殊历史、科学、艺术价值或者具有特殊纪念意义、教育意义的建（构）筑物，可以认定为历史建筑 本市已公布的优秀近现代建筑和工业遗产，符合历史建筑认定条件的，可以认定为历史建筑

注：■历史价值　■艺术价值　■科学价值　■文化价值　■文化价值

（资料来源：作者绘制）

对表4-9中各地方政府关于建筑遗产的价值认定标准进行分析，可以看出：我国对建筑遗产的价值认定首先考虑的是历史价值，并将其作为建筑遗产认定的必要条件；其次为艺术价值、文化价值、科学价值和社会价值，具备其中任一项即可被认定为是建筑遗产；最后，现有建筑遗产的价值认定针对的都是静态建筑遗产，未考虑活态建筑遗产的价值内涵。

第五节 历史城镇的价值内涵借鉴

一、世界遗产历史城镇及城镇中心的价值内涵借鉴

2005年,世界遗产委员会正式确立了"历史城镇及城镇中心"这一特殊的遗产类型,其价值标准沿用世界遗产的价值标准,即"突出普遍价值(OUV)"。笔者试对目前已经被列入《世界遗产名录》的历史城镇及城镇中心遗产的价值标准进行梳理,其结果见表4-10。

表4-10 被列入《世界遗产名录》的历史城镇的价值标准

遗 产 名 称	所属国	入选时间	价 值 标 准
丽江古城	中国	1997年	(ⅱ)(ⅳ)(ⅴ)
平遥古城		1997年	(ⅱ)(ⅲ)(ⅳ)
萨尔茨堡市历史中心	奥地利	1996年	(ⅱ)(ⅳ)(ⅵ)
格拉茨城历史中心		1999年	(ⅱ)(ⅳ)
维也纳历史中心		2010年	(ⅱ)(ⅳ)(ⅵ)
布鲁日历史中心	比利时	2000年	(ⅱ)(ⅳ)(ⅵ)
苏克雷古城	玻利维亚	1991年	(ⅳ)
奥林达历史中心	巴西	1982年	(ⅱ)(ⅳ)
巴伊亚州的萨尔瓦多历史中心		1985年	(ⅳ)(ⅵ)
圣路易斯历史中心		1997年	(ⅲ)(ⅳ)(ⅴ)
蒂阿曼蒂那城历史中心		1999年	(ⅱ)(ⅳ)
戈亚斯城历史中心		2001年	(ⅱ)(ⅳ)
内塞巴尔古城	保加利亚	1983年	(ⅲ)(ⅳ)
魁北克古城	加拿大	1985年	(ⅳ)(ⅵ)
克鲁姆洛夫历史中心	捷克	1992年	(ⅳ)
布拉格历史中心		1992年	(ⅱ)(ⅳ)(ⅵ)
泰尔奇历史中心		1992年	(ⅰ)(ⅳ)

续表

遗产名称	所属国	入选时间	价值标准
蒙波斯的圣克鲁斯历史中心	哥伦比亚	1995年	(ⅳ)(ⅴ)
杜布罗夫尼克古城	克罗地亚	1979年	(ⅰ)(ⅲ)(ⅳ)
特罗吉尔	克罗地亚	1997年	(ⅱ)(ⅳ)
西恩富戈斯古城	古巴	2005年	(ⅱ)(ⅳ)
昆卡的洛斯-里奥斯的圣安娜历史中心	厄瓜多尔	1999年	(ⅱ)(ⅳ)(ⅴ)
塔林(老城)历史中心	爱沙尼亚	1997年	(ⅱ)(ⅳ)
底比斯古城及其墓地	埃及	1979年	(ⅰ)(ⅲ)(ⅵ)
开罗古城	埃及	1979年	(ⅰ)(ⅴ)(ⅵ)
劳马古城	芬兰	1991年	(ⅵ)(ⅴ)
阿维尼翁历史中心	法国	1995年	(ⅰ)(ⅱ)(ⅳ)
姆茨赫塔古城	格鲁吉亚	1994年	(ⅲ)(ⅵ)
奎德林堡神学院、城堡和古城	德国	1994年	(ⅳ)
施特拉尔松德与维斯马历史中心	德国	2002年	(ⅱ)(ⅳ)
罗得中世纪古城	希腊	1988年	(ⅱ)(ⅳ)(ⅴ)
科孚古城	希腊	2007年	(ⅳ)
阿克古城	以色列	2001年	(ⅱ)(ⅲ)(ⅴ)
罗马历史中心	意大利	1980年	(ⅰ)(ⅱ)(ⅲ)(ⅳ)(ⅴ)
佛罗伦萨历史中心	意大利	1982年	(ⅰ)(ⅱ)(ⅲ)(ⅳ)(ⅵ)
威尼斯及潟湖	意大利	1987年	(ⅰ)(ⅱ)(ⅲ)(ⅳ)(ⅴ)(ⅵ)
圣吉米尼亚诺历史中心	意大利	1990年	(ⅰ)(ⅲ)(ⅴ)
那不勒斯历史中心	意大利	1995年	(ⅱ)(ⅳ)
锡耶纳历史中心	意大利	1995年	(ⅰ)(ⅱ)(ⅳ)
皮恩扎历史中心	意大利	1996年	(ⅰ)(ⅱ)(ⅳ)
乌尔比诺历史中心	意大利	1998年	(ⅱ)(ⅳ)

续表

遗 产 名 称	所属国	入选时间	价 值 标 准
亚述古城	伊拉克	2003 年	（ⅲ）（ⅳ）
萨迈拉古城		2007 年	（ⅱ）（ⅲ）（ⅳ）
耶路撒冷古城及其城墙	约旦	1981 年	（ⅱ）（ⅲ）（ⅵ）
琅勃拉邦的古城	老挝	1995 年	（ⅱ）（ⅳ）（ⅴ）
里加历史中心	拉脱维亚	1997 年	（ⅰ）（ⅱ）
维尔纽斯历史中心	立陶宛	1994 年	（ⅱ）（ⅳ）
杰内古城	马里	1988 年	（ⅲ）（ⅳ）
瓦莱塔古城	马耳他	1980 年	（ⅰ）（ⅵ）
墨西哥城与赫霍奇米尔科历史中心	墨西哥	1987 年	（ⅱ）（ⅲ）（ⅳ）（ⅴ）
普埃布拉历史中心		1987 年	（ⅱ）（ⅳ）
瓦哈卡历史中心与阿尔班山考古遗址		1987 年	（ⅰ）（ⅱ）（ⅲ）（ⅳ）
帕伦克古城和国家公园		1987 年	（ⅰ）（ⅱ）（ⅲ）（ⅳ）
瓜纳托历史名城及周围矿藏		1988 年	（ⅰ）（ⅱ）（ⅳ）（ⅵ）
奇琴伊察古城		1988 年	（ⅰ）（ⅱ）（ⅲ）
莫雷利亚城历史中心		1991 年	（ⅱ）（ⅳ）（ⅵ）
埃尔塔津古城		1992 年	（ⅲ）（ⅳ）
萨卡特卡斯历史中心		1993 年	（ⅱ）（ⅳ）
乌斯马尔古镇		1996 年	（ⅰ）（ⅱ）（ⅲ）
历史名城梅克内斯	摩洛哥	1996 年	（ⅳ）
科斯科古城	秘鲁	1981 年	（ⅲ）（ⅳ）
利马历史中心		1988 年	（ⅳ）
阿雷基帕城历史中心		2000 年	（ⅰ）（ⅳ）
维甘历史古城	菲律宾	1999 年	（ⅱ）（ⅳ）

续表

遗产名称	所属国	入选时间	价值标准
克拉科夫历史中心	波兰	1978年	(ⅳ)
华沙历史中心	波兰	1980年	(ⅱ)(ⅳ)
扎莫希奇古城	波兰	1992年	(ⅳ)
中世纪古镇托伦	波兰	1997年	(ⅱ)(ⅳ)
埃武拉历史中心	葡萄牙	1986年	(ⅱ)(ⅳ)
波尔图历史中心	葡萄牙	1996年	(ⅳ)
吉马良斯历史中心	葡萄牙	2001年	(ⅱ)(ⅲ)(ⅳ)
锡吉什瓦拉历史中心	罗马尼亚	1999年	(ⅲ)(ⅴ)
圣彼得堡历史中心及其相关古迹群	俄罗斯	1990年	(ⅰ)(ⅱ)(ⅳ)(ⅵ)
德尔本特城堡、古城及要塞	俄罗斯	2003年	(ⅲ)(ⅳ)
雅罗斯拉夫尔城历史中心	俄罗斯	2005年	(ⅱ)(ⅳ)
历史名城班斯卡-什佳夫尼察及其工程建筑区	斯洛伐克	1993年	(ⅳ)(ⅴ)
科尔多瓦历史中心	西班牙	1984年	(ⅰ)(ⅱ)(ⅳ)(ⅴ)
圣地亚哥-德孔波斯特拉古城	西班牙	1985年	(ⅰ)(ⅱ)(ⅵ)
塞哥维亚古城	西班牙	1985年	(ⅰ)(ⅲ)(ⅳ)
阿维拉古城及城外教堂	西班牙	1985年	(ⅲ)(ⅳ)
历史名城托莱多	西班牙	1986年	(ⅰ)(ⅱ)(ⅲ)(ⅳ)
卡塞雷斯古城	西班牙	1986年	(ⅲ)(ⅳ)
萨拉曼卡古城	西班牙	1988年	(ⅰ)(ⅱ)(ⅳ)
城墙围绕的历史名城昆卡	西班牙	1996年	(ⅱ)(ⅴ)
波隆纳鲁沃古城	斯里兰卡	1982年	(ⅰ)(ⅲ)(ⅵ)
锡吉里亚古城	斯里兰卡	1982年	(ⅱ)(ⅲ)(ⅳ)

续表

遗 产 名 称	所 属 国	入 选 时 间	价 值 标 准
伯尔尼古城	瑞士	1983 年	（ⅲ）
大马士革古城	阿拉伯叙利亚共和国	1979 年	（ⅰ）（ⅱ）（ⅲ）（ⅳ）（ⅵ）
布拉斯古城		1980 年	（ⅰ）（ⅲ）（ⅳ）
阿勒颇古城		1986 年	（ⅲ）（ⅳ）
里沃夫历史中心	乌克兰	1998 年	（ⅱ）（ⅴ）
布哈拉历史中心	乌兹别克斯坦	1993 年	（ⅱ）（ⅳ）（ⅵ）
沙赫利苏伯兹历史中心		2000 年	（ⅲ）（ⅳ）
城墙环绕的希巴姆古城	也门	1982 年	（ⅲ）（ⅳ）（ⅴ）
萨那古城		1986 年	（ⅳ）（ⅴ）（ⅵ）
乍比德历史古城		1993 年	（ⅱ）（ⅳ）（ⅵ）

（资料来源：联合国教科文组织网站，http://whc.unesco.org/en/list/，作者整理）

通过分析可知，世界文化遗产的 6 条评选标准在已经入选的历史城镇及城镇中心遗产中出现次数最多的是标准（ⅳ），其次为标准（ⅱ）（图 4-3）。

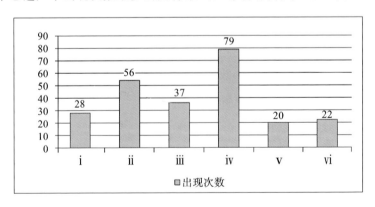

图 4-3 世界遗产的价值标准在历史城镇遗产中出现的次数

（资料来源：作者绘制）

由此可见,联合国教科文组织最为看重的是历史城镇及城镇中心遗产的历史价值,其次为艺术价值。历史城镇虽然会有一些遗产桥梁,但与其建筑及环境相比,遗产桥梁承受的压力更大,保存的较少,故而没有科学性这一价值类别。

二、我国历史城镇的价值内涵借鉴

我国《历史文化名城名镇名村保护条例》中对历史文化名城、名镇、名村的申报条件有明确的规定,笔者同样采用聚类分析法,对其价值内涵进行解析(表4-11)。

表 4-11 我国历史文化名城名镇名村的价值内涵解析

序号	标　　准
①	保存文物特别丰富
②	历史建筑集中成片
③	保留着传统格局和历史风貌
④	历史上曾经作为政治、经济、文化、交通中心或者军事要地,或者发生过重要历史事件,或者其传统产业、历史上建设的重大工程对本地区的发展产生过重要影响,或者能够集中反映本地区建筑的文化特色、民族特色

注:■ 历史价值　■ 艺术价值　■ 文化价值　■ 综合价值

(资料来源:《历史文化名城名镇名村保护条例》)

由表4-11可见,我国对历史文化名城、名镇、名村最为注重的是其历史价值,其次为文化价值和艺术价值,但由于将其作为一个整体,故而对其中具有综合价值的文物和历史建筑的数量有一定要求。

而我国各地方政府在制定历史城镇体系的保护法规时,对其价值认定也有不同的理解(表4-12)。

表 4-12　我国部分地方政府对历史城镇体系的价值认定标准

地区	法规名称	实施时间		价值认定标准
江苏省	《江苏省历史文化名城名镇保护条例》	2002年3月1日	历史文化名城	省级历史文化名城,应当同时具备下列条件:①古代区域性政治、经济或者文化中心,建城历史在明代或者明代以前,目前仍保存着丰富的地上、地下历史文化遗迹或者实物遗存,口述及其他非物质文化遗产丰富,具有重要历史、艺术、科学价值;或者近代发生过重要历史事件,对近代历史产生过重要影响。②城市传统风貌与格局具有特色,并具有代表古城风貌的历史街区。历史街区应当有一定的规模,且连成一片,至少要有一条以上的古街,其两侧古建筑仍为原物。③文物古迹特别丰富,在市区或者近郊区的各级文物保护单位应当有十处以上,其中应当有省级以上文物保护单位四处以上,且文物古迹的保护与合理利用对城市的性质、布局、发展具有重要影响
			历史文化名镇	省级历史文化名镇,应当同时具备下列条件:①城镇建成历史在清代或者清代以前,镇区传统风貌与格局具有特色,历史街区保存较为完整并有一定规模,其两侧古建筑基本为原物,具有较高历史文化价值。②文物古迹较为丰富,保存完好,历史延续较为完整,具有特色鲜明的口述及其他非物质文化遗产。镇区的各级文物保护单位应当有五处以上,其中应当有省级以上文物保护单位。③现存文物古迹、历史街区主要分布在镇区或者近郊区,对该镇的性质、布局、发展具有重要影响

续表

地区	法规名称	实施时间		价值认定标准
江苏省	《江苏省历史文化名城名镇保护条例》	2002年3月1日	历史文化保护区	省级历史文化保护区，应当同时具备下列条件：①文物古迹比较集中，具有一定规模；②区域内的建筑等要素能体现一定历史时期的传统风貌，建筑群体具有一定规模，历史建筑基本为原物；③具有鲜明的地方、民族特色
浙江省	《浙江省历史文化名城名镇名村保护条例》	2012年12月1日	历史文化名城	具备下列条件的城市，可以申报省级历史文化名城：①保存文物特别丰富；②历史建筑集中成片；③保留着传统格局和历史风貌；④历史上曾经作为政治、经济、文化、交通中心或者军事要地，或者发生过重要历史事件，或其传统产业、历史上建设的重大工程对本地区的发展产生过重要影响；⑤在所申报的历史文化名城保护范围内有两个以上经省人民政府批准公布的历史文化街区
			历史文化街区	具备下列条件的街区，可以申报历史文化街区：①保存文物特别丰富；②历史建筑集中成片；③较完整和真实地保留着传统格局和历史风貌；④规模达到国家规定标准

续表

地区	法规名称	实施时间	价值认定标准	
福建省	《福建省历史文化名城名镇名村和传统村落保护条例》	2017年7月1日	历史文化名城名镇名村	具备下列条件的城市、镇、村庄,可以申报省历史文化名城、名镇、名村:①保存文物比较丰富;②历史建筑集中成片;③保留着传统格局和历史风貌;④历史上曾经作为政治、经济、文化、交通中心或者军事要地,或者发生过重要历史事件,或者其传统产业、历史上建设的重大工程对本地区的发展产生过重要影响,或者能够集中反映本地区的文化特色、民族特色;⑤非物质文化遗产资源丰富。申报省历史文化名城的,在所申报的历史文化名城保护范围内还应当有一个以上历史文化街区
			历史文化街区	具备下列条件的街区,可以申报历史文化街区:①保留着较完整的历史风貌和历史建筑;②构成的历史风貌、历史建筑和环境要素应当具有真实性;③历史文化街区用地面积不小于一公顷;④历史文化街区内文物古迹、历史建筑以及能够展现当地历史风貌特色的建筑物、构筑物的用地面积达到保护范围内建筑总用地的百分之五十以上
			传统村落	具备下列条件的村落,可以申报传统村落:①村落形成较早,具有一定历史文化价值;②传统建筑风貌保留比较完整,文物古迹、历史建筑、乡土建筑等集中连片分布或者数量超过村庄建筑总量三分之一;③整体格局保存良好,保持传统特色、地域特色,反映特定历史文化背景;④非物质文化遗产资源丰富,传承形式良好

续表

地区	法规名称	实施时间		价值认定标准
安徽省	《安徽省历史文化名城名镇名村保护办法》	2017年8月1日	历史文化名城	具备下列条件的市、县,可以申报安徽历史文化名城:①保存文物比较丰富;②历史建筑、革命纪念建筑集中成片;③保留着传统格局和历史风貌;④历史上曾经作为政治、经济、文化、交通中心或者军事要地,或者发生过重要历史事件,或者其传统产业、历史上建设的重大工程对本地的发展产生过重要影响,或者能够集中反映本地建筑的文化特色、民族特色;⑤在所申报的历史文化名城保护范围内有1个以上的历史文化街区
			历史文化名镇名村	具备下列条件的镇、村庄,可以申报历史文化名镇、名村:①保存文物特别丰富;②历史建筑、革命纪念建筑集中成片;③保留着传统格局和历史风貌;④历史上曾经作为政治、经济、文化、交通中心或者军事要地,或者发生过重要历史事件,或者其传统产业、历史上建设的重大工程对本地区的发展产生过重要影响,或者能够集中反映本地区建筑的文化特色、民族特色
			历史文化街区	具备下列条件的街区,可以申报历史文化街区:①保存文物特别丰富;②历史建筑集中成片;③较完整和真实地体现传统格局和历史风貌;④具有一定规模

注:■历史价值 ■艺术价值 ■科学价值 ■文化价值 ■社会价值
(资料来源:作者整理)

从表4-12中可以看出,我国各地方政府对历史城镇的价值内涵认定基本与国务院颁布的《历史文化名城名镇名村保护条例》一致,最为注重的是其历史价值,其次为文化价值和艺术价值,且同样强调其中具有综合价值的文物、历史建筑的数量,不同的是部分地方政府在强调物质文化遗产数量的同时也注重非物质文化遗产的存有数量,这也反映出我国对遗产价值的认知正在逐步从"静态"向"活态"转变。总体而言,历史城镇作为包含各类文物、历史建筑等在内的综合性遗产,其价值内涵对作为单体的活态遗产桥梁的借鉴意义不大。

第六节 遗产桥梁的价值内涵及其评价体系借鉴

一、世界遗产桥梁的价值内涵借鉴

ICOMOS 和 TICCIH 在《世界遗产桥梁报告》中指出,世界遗产桥梁的价值应从工程、技术、交通、交流、工业、历史或文化等方面来阐述或解释,其认定必须满足以下条件中的一个或多个:①代表人类创造天赋的杰作;②在一定时间跨度或世界某一文化区域范围内对工程理论、技术、施工、交通运输和交流等方面产生重大影响;③作为突出案例展示了桥梁工程或技术发展的重要阶段。

为进一步明确世界遗产桥梁的价值内涵,本书分析了目前已经被列入《世界遗产名录》的文物类别的遗产桥梁的价值,结果见表 4-13。

表 4-13 被列入《世界遗产名录》的遗产桥梁价值标准

序号	遗产名称	价值标准
1	加尔桥(古罗马渡槽)(也译为嘉德水道桥)	(ⅰ)(ⅲ)(ⅳ)
2	塞哥维亚古城及水道桥	(ⅰ)(ⅲ)(ⅳ)
3	乔治铁桥	(ⅰ)(ⅱ)(ⅳ)(ⅵ)
4	莫斯塔尔古城和古桥	(ⅵ)
5	比斯卡亚桥	(ⅰ)(ⅱ)
6	迈赫迈德·巴什·索科罗维奇古桥	(ⅱ)(ⅳ)
7	旁特斯沃泰水道桥及运河	(ⅰ)(ⅱ)(ⅳ)

续表

序号	遗产名称	价值标准
8	福斯桥	（ⅰ）（ⅳ）
9	腾布里克神父水道桥	（ⅰ）（ⅱ）（ⅳ）

（资料来源：作者整理）

通过分析，可以看出世界文化遗产的6条评选标准在已经入选的世界遗产桥梁中出现次数最多的是标准（ⅰ）和标准（ⅳ），其次为标准（ⅱ）（图4-4）：

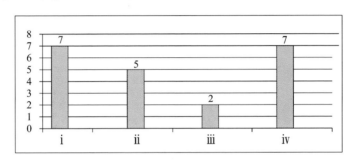

图4-4 世界文化遗产的评选标准在世界遗产桥梁中出现的次数

（资料来源：作者整理）

由此可见，联合国教科文组织较为看重的是遗产桥梁的艺术（景观）价值和历史价值。

二、加拿大遗产桥梁的价值内涵及其评价体系借鉴

除《世界遗产桥梁报告》中对遗产桥梁价值内涵的解释外，目前由政府部门或遗产保护组织颁布且在实际中得到应用的，仅有加拿大的《安大略省遗产桥梁指南》和《格兰德河流域遗产桥梁名录》两套遗产桥梁价值评价体系。

（一）《安大略省遗产桥梁指南》的遗产桥梁价值评价体系

安大略省交通部（Ministry of Transportation of Ontario，简称MTO）是该省遗产桥梁保护的重要职能部门，主要负责保护和管理安大略省范围内的遗产道路和桥梁，也负责制定遗产价值评价标准和保护管理规范。

1983年，MTO和该省文化部（Ministry of Culture，简称MCL）联合制

定了《道路遗产桥梁政策》，并颁布了《安大略省遗产桥梁指南》(Ontario Heritage Bridge Guidelines，简称 OHBG)。2008 年，MTO 对《安大略省遗产桥梁指南》进行了修订。

在修订后的《安大略省遗产桥梁指南》中，MTO 认为遗产桥梁管理的关键因素是确定该桥梁是否具有省级遗产的价值，并指出遗产桥梁无论是修复、重建还是所有权转移，MTO 都会根据其文化遗产价值确定它是否具有省级遗产的价值并能成为一项重要资源。因此，MTO 依据《安大略遗产法》和安大略省第 9/06 号政策，即《文化遗产价值或利益评价标准》，制定了一套遗产桥梁的评级标准。该标准将遗产桥梁的价值分为三个大类：设计/物理价值、关联价值、历史/组合价值。每一个大类下设若干评价指标，并根据其重要程度赋予一定的分值（表 4-14），总分达到或超过 60 分的桥梁即被认为具有省级文化遗产价值，才能被列入安大略省遗产桥梁清单并适用《安大略省遗产桥梁指南》的保护准则。

表 4-14 《安大略省遗产桥梁指南》的遗产桥梁价值评价体系

评价指标		等级	得分	说明
设计/物理价值（总分50分）	功能设计（20分）	优秀	20	具有高度的技术优势或科学成就，且是某种桥梁类型的第一个或最早的案例，或某种桥梁类型的典型代表（最长、最高等）
		较好	16	具有高度的技术优势或科学成就，且在本地区现存的该类型桥梁少于 5 个
		好	12	该类型桥梁在本地区现存数量少于 5 个，不论其技术优势或科学成就
		一般	0	技术或科学价值小，有大量同类型桥梁存在
	视觉吸引力（20分）	优秀	20	大部分桥梁元素具有高度的艺术或风格优势，设计结构和谐，整体结构匀称，维护保养得当
		较好	12	比例匀称，体量一般，与所处地区景观相适应
		好	4	结构有一两个显著特点，或其原有的结构发生了严重改变
		一般	0	没有显著特点

续表

评价指标		等级	得分	说　　明
设计/物理价值（总分50分）	材料（10分）	优秀	10	使用省域内稀有或不常见的材料（如石材、锻铁为本省域内稀有材料）
		较好	8	使用区域内稀有或不常见的材料（如木材、铆接钢为区域内稀有材料）
		好	5	特殊的组合，这里是指材料的组合被认为是与众不同或值得注意的
		一般	0	常见的材料或材料组合
关联价值（总分25分）	景观（15分）	优秀	15	体量突出：该桥梁具有高度显著的体量并成为该地区的标志（这里也包括桥梁的"门户"作用，它是人们理解该区域内桥梁的关键因素）
		较好	9	地方重要性：桥梁在社区中被认为具有象征价值，而不是纯粹的视觉或审美价值（它是人们理解区域内桥梁的重要因素）
		好	3	结构在相关区域内为人们所熟悉（它是人们理解区域内桥梁的贡献因素之一）
		一般	0	在区域内没有显著特征
	特性贡献（10分）	优秀	10	桥梁是决定该地区地方特色的关键因素，对塑造该地区的地方特色十分重要
		好	6	塑造、维护或保护市域范围内的地方特色
		一般	0	地方特色贡献非常小

续表

评价指标		等级	得分	说明
历史/组合价值（总分25分）	设计师/建筑公司（15分）	优秀	15	知名的、有影响力的设计师/建造者：结构展示或反映了公司、工程师和/或建设中创造性的工作或思想，对社区的发展具有重要影响（这里的社区广泛地定义为包括受到有关工作的明显影响的专业团体）
		较好	9	知名的、成果丰富的设计师和/或建造者：公司、工程师和/或建设者直接负责的大量工程带来设计或建筑的改良和标准的建立
		好	3	知名的设计师和/或建造者，对社区的贡献有限
		一般	0	不知名的设计师、建设公司
	与历史主题、人物、事件的组合（10分）	优秀	10	与历史主题、事件有直接联系，对理解国家、省、市的历史文化具有十分显著的意义
		好	6	与区域内的历史主题、事件之间有紧密的联系
		一般	0	与历史主题、事件之间的联系有限或没有联系

（资料来源：Ontario Heritage Bridges Guidelines, MTO, 2008, 作者翻译整理）

由表4-14可知，该遗产桥梁评价体系最为注重的是设计/物理价值（即科技价值和艺术价值），该项价值的分值占到了总分的50%；其次是关联价值（即艺术价值和社会文化价值）和历史/组合价值（即历史价值、艺术和文化价值），它们的分值分别占到总分的25%。

（二）《格兰德河流域遗产桥梁名录》的遗产桥梁价值评价体系

加拿大遗产河流委员会是加拿大唯一的对遗产河流进行专类保护的全国性的遗产保护组织，该组织于2000年通过了《加拿大遗产河流文化框架》，制定了加拿大遗产河流保护和管理的指导思想和实施战略，并明确提出应将遗产桥梁纳入遗产河流的保护范畴之内，从而推动了遗产桥梁这一新的遗产门类的确立并在加拿大逐步得到认可。之后，许多地方政府和遗产保护组织陆续制定了有关遗产桥梁的保护导则和价值评价标准。

2004年,加拿大鲁滨孙遗产咨询机构受格兰德河保护委员会的委托,制定了《格兰德河流域遗产桥梁名录》(Grand Old Bridges: The Grand River Watershed Bridge Inventory,简称 GRWBI),其目的是识别和记录流域内所有支持格兰德河成为加拿大国家河流遗产的桥梁,并认为这些桥梁在艺术/工程、历史或关联价值方面具有重要意义。

《格兰德河流域遗产桥梁名录》详细列举了格兰德河流域内五大河流上的遗产桥梁,并制定了遗产桥梁的等级评价标准。该评价体系分为文献资料、技术、桥梁美学与环境、历史价值四大评价标准,共12个评价因子,每个因子都有对应的得分(表 4-15)。最终入选该名录的遗产桥梁,得分范围均在 50~94 分(总分 98 分)。

表 4-15　格兰德河流域遗产桥梁评价体系

评价指标		等　级	分值	说　　明
文献资料 (20分)	设计/ 建造者 (6分)	不知名	0	—
		知名,贡献无法确定	2	公司、工程师、建设者等方面的信息非常少,如果能收集到更多信息则有可能进入后两个等级
		知名,作品丰富的建筑设计师	4	公司、工程师、建设者按照标准要素或形式负责本流域内桥梁的设计、建造
		知名,不寻常的建筑设计师	6	公司、工程师、建设者对本流域内的桥梁建设有重大影响
	年代 (14分)	1880 年以前	14	这里的分值仅指能够通过文献资料准确地判断桥梁的建造时间,如果只能通过设计风格或建筑材料推断该桥梁的建造时间,则必须在原始分值上扣去1分
		1880—1900	12	
		1901—1910	10	
		1911—1920	8	
		1921—1930	6	
		1931—1940	4	
		1941—1950	2	
		1950—2003	0	

续表

评价指标		等　　级	分值	说　　明
技术 (40分)	建造材料 (4分)	锻铁	4	锻铁和石材被赋予优先级,是因为它们在本流域已不再使用。其他是指在本流域内不常使用的材料
		石材	4	
		其他(通常不使用)	4	
	设计/风格 (16分)	独特的	16	本流域内独一无二的类型
		典型的、罕见的	16	某一特定时期的典型桥梁,但由于气候、交通等方面的因素,许多桥梁都已不复存在,故而幸存的较为罕见
		不寻常的	16	只有少数可能已建成、现存数量可能更少的桥梁类型
	原型 (10分)	原型	10	拥有技术或风格上的创新或改进,它是本流域某种桥梁结构类型的第一例或早期的案例,或标志着本流域桥梁建设的重要发展
		早期的案例	10	
	结构完整性(10分)	没有明显的改变	10	原始结构没有明显的改变
		协调的改变	5	虽有少量改变,但对原结构的影响不大
桥梁美学与环境 (28分)	视觉吸引力(10分)	设计优点	10	这一标准是超越技术和功能结构的内在价值,该桥梁结构具有吸引力、设计精心、安装在恰当的位置
		装饰	2	包括栏杆、雕刻、灯光等,增加了桥梁的视觉魅力
	原始位置 (4)	在原始位置	4	桥梁的原始位置是特定环境历史发展的基准,对位置感有较大贡献

续表

评价指标		等级	分值	说明
桥梁美学与环境（28分）	景观（6分）	视觉突出	6	视觉上较为突出，可作为一个标志点引导交通
		公众看法	6	被认为是社区的地标，具有象征意义
	门户（4分）	出入口	4	在某些区域，尤其是在城市中承担门户功能，让驾驶员和行人明确已进入某一区域
	特性贡献（4分）	特性贡献	4	有助于一个地区的特性或气氛的营造，使该区域明显区别于其他地区
历史价值（10分）	历史关联性（10分）	人物/团体相关	10	与对社区、本流域、省或国家作出重大贡献的个人或团体（如企业家，政治家等）的生活或活动有关
		事件相关	10	与社区、本流域、省或国家的重大事件（如道路建设项目、公共工程项目）有关
		主题相关	10	与本流域的文化、社会、政治、经济或工业历史的重大主题（例如城市增长）相关
		前桥梁相关	10	与曾经位于同一地点或地区的前桥梁有关

（资料来源：Grand Old Bridges：The Grand River Watershed Bridge Inventory，2004，作者翻译整理）

由表4-15可知，该遗产桥梁评价体系最为注重的是技术标准（即科学价值),其分值占到总分的40.8%;其次是美学与环境标准(即景观价值)和历史价值,其分值占到总分的28.6%和24.5%;最后是社会文化价值,分值占到总分的6.1%。

三、我国运河古桥的价值评价体系借鉴

我国尚无遗产桥梁的价值评价体系,目前仅有朱卫国、韩大章(2010)在《运河古桥遗产的价值判断方法和保护》一文中,提出了我国运河古桥遗产的价值评价体系(表4-16)。

表4-16 我国运河古桥遗产的价值评价体系

评价因素		指标分解
综合价值	历史价值	①最早的建设年代是否久远
		②能否反映桥梁修建、使用的真实历史信息
		③能否体现运河流域生产生活方式、思想观念、风俗习惯等
		④能否展现桥梁修建以来的发展与变化
		⑤能够反映出桥梁技术、规划技术、建筑技术、建筑艺术方面的特色和价值
		⑥是否在国际、国内拥有知名度
		⑦是否在国际、国内拥有类型稀缺性和历史代表性
	文化价值	①工程及相关文献能否包含文学图像、并见证工程的时代背景和当时的社会状况(包括社会、政治、文化等)
		②工程能否反映当时的社会意识形态(如宗教与祭祀等)
		③工程是否具有教育、精神、旅游等方面的精神价值,进而在精神层面给人们施加影响
		④是否在空间、造型、装饰、形式等方面形成特色风格
		⑤各类造型艺术品(如雕刻、栏杆等)如何

续表

评价因素			指标分解
综合价值	科学价值	工程技术先进性 — 工程规划技术	①平面布置与自然环境是否协调
			②工程规模是否与自身功能相适应
			③劳动力组织是否合理
		设计技术	①解决水毁的能力
			②解决泥沙问题的能力
			③解决交通荷载的能力
			④工程通航的能力
			⑤工程防冲技术在建设时期达到的水平
			⑥工程是否反映出人性化设计
		施工技术	①材料运输技术在建设时期的先进性
			②土石方施工技术在建设时期的先进性
			③上部架设施工技术在建设时期的先进性
			④地基工程技术在建设时期的先进性
		材料选择	①材料设计是否合理
			②在工程建设中发挥的作用
			③工程材料特性的保持完成程度
		工程技术影响力	①对当时人们认识自然和利用自然的能力是否具有代表性
			②工程技术在当时的地位水平
			③对当时工程建设和科学发展的贡献
			④后期发展是否充分（包括持续性、发展性和传播性）
			⑤对现代科学的启示
			⑥对我国科学史的补充、修正和完善作用

（资料来源：朱卫国、韩大章《运河古桥遗产的价值判断方法和保护》）

在这套运河古桥遗产的价值评价体系中，设计者从历史价值、文化价值、科学价值三个方面来对我国运河古桥遗产的价值进行评价，这与《中华人民共和国文物保护法》对遗产价值的认定一致，虽然其针对的只是我国的运河古桥遗产，且是从静态遗产的角度进行价值评价，但其评价指标体系对

活态遗产桥梁的价值构成具有一定的借鉴意义。

第七节 活态遗产桥梁价值内涵的聚类构建

一、聚类归总——活态遗产桥梁价值内涵的大类构成

本章分别对世界遗产、中国和美国遗产的普遍价值内涵和工业遗产、历史园林、建筑遗产、历史城镇、遗产桥梁等不同类别的遗产价值内涵及其评价体系进行梳理，并聚类归总为表 4-17，其中共同的价值大类用同一种色彩进行标示，可识别出文化遗产领域共识的 6 大类价值内涵，分别为历史、艺术、科学、社会、文化和使用价值。

表 4-17 各类遗产价值体系的大类构成

类 别		价值体系的大类构成
遗产的普遍价值	世界遗产	历史价值、艺术价值、科学价值、文化价值
	《中华人民共和国文物保护法》	历史价值、科学价值、艺术价值
	《中国文物古迹保护准则》	历史价值、艺术价值、科学价值、社会价值、文化价值
	美国国家登录遗产	历史价值、科学价值
	美国国家历史地标	历史价值、艺术价值、科学价值、文化价值
工业遗产	《下塔吉尔宪章》	历史价值、艺术（美学）价值、科学价值、社会价值、文化价值、稀缺性价值
	中国《无锡建议》	历史价值、社会价值、科学价值、审美启智价值、独特性价值、稀缺性价值
历史园林	《佛罗伦萨宪章》	历史价值、艺术价值
	英格兰登录园林	艺术价值、历史价值、关联价值
	北京历史名园	历史价值、艺术价值、文化价值和科学价值

续表

类　　别		价值体系的大类构成
建筑遗产	《保护欧洲建筑遗产公约》	历史价值、艺术价值、科学价值和社会价值
	ICOMOS	使用价值和无形价值
	中国各地方政府	历史价值、科学价值、艺术价值、社会价值、文化价值
历史城镇	世界遗产"历史城镇及城镇中心"	历史价值、艺术价值
	中国历史文化名城名镇名村	历史价值、文化价值、艺术价值
遗产桥梁	世界遗产桥梁	艺术(景观)价值、历史价值
	《安大略省遗产桥梁指南》	科学价值、艺术价值、社会价值、历史价值、文化价值
	《格兰德河流域遗产桥梁名录》	科学价值、艺术(景观价值)、历史价值
	中国运河古桥遗产	历史价值、文化价值、科学价值

注：■历史价值　■艺术价值　■科学价值　■文化价值　■社会价值　■使用价值

（资料来源：作者整理）

以这6大类价值构成为思考的出发点，结合活态遗产桥梁的价值特征进行梳理与归总，在尊重其他类别遗产价值大类划分标准的基础上，将与活态遗产桥梁联系不紧密的价值大类进行适当的聚类关联合并，在保证能真实地反映其价值对象特点的同时，还能使其价值大类构成更加简明，以便于该价值体系在实践中的推广、运用和实施。其价值内涵聚类取舍分析如下文所示。

（1）历史价值是所有遗产门类都必须具有的首要价值，故而笔者亦将其作为活态遗产桥梁价值构成体系的第一个大类。

（2）科学(科技)价值虽不是其他遗产的必要条件，但在上述各遗产价值体系中出现的频率较高，且科技性是活态遗产桥梁价值评断的最重要标准之一，故而笔者将其作为活态遗产桥梁价值构成体系的第二个大类。

（3）在上述各遗产价值体系中，艺术价值出现的频率也很高，且活态遗产桥梁作为文化景观遗产一般都具有良好的景观艺术形象，故而笔者将其作为活态遗产桥梁价值构成体系的第三个大类。

（4）相较于以上三大价值类别，活态遗产桥梁的社会价值相对比较单纯，远不如历史城镇等具有错综复杂的社会价值构成，而社会价值在一定程度上与文化价值又无法完全厘清，两者关联度较高，故而笔者将其聚类归并，合称为社会文化价值，并以此作为活态遗产桥梁价值构成体系的第四个大类。

（5）相对于静态遗产，活态遗产桥梁的主要特征在于功能及空间的延续性，而这种延续性均是由使用产生的，借鉴 ICOMOS 对建筑遗产使用价值的认定，笔者将使用价值作为活态遗产桥梁价值构成体系的第五个大类。

由此聚类分析确定的活态遗产桥梁价值内涵构成的 5 个大类便是历史价值、科学价值、艺术价值、社会文化价值和使用价值。下面以此为基础，探讨其小类构成。

二、聚类归并——活态遗产桥梁价值内涵的小类构成

对于活态遗产桥梁价值体系的小类构成，笔者主要采用词云提取、聚类归并的方法。根据上一节确定的活态遗产桥梁价值内涵的大类构成，提取前文各类遗产门类中相关价值内涵表述的关键词，使用文字云生成器软件进行词云分析，将各类价值内涵中出现频率较高的词进行归并，从而确定活态遗产桥梁价值内涵的小类构成。

（一）历史价值

提取前文各类遗产价值内涵中有关历史价值表述的关键词，对其进行词云分析，结果见图 4-5。

由图 4-5 可见，在活态遗产桥梁历史价值的词云呈现中，出现频率较高的一级与二级词汇分别有：①历史、人物、文献、保存；②建成、年代、革命、运动、史料等。借鉴其他类别遗产的价值内涵，并结合活态遗产桥梁的特征，剔除关联性不大的革命、运动，将史料与文献合并、建成与年代合并，最终确定为建造年代、历史相关性（即与历史人物或事件的相关性）、文献档案、保存状况 4 个小类。

图 4-5　活态遗产桥梁历史价值词云分析

(图片来源:作者绘制)

(二) 科技价值

提取前文各类遗产价值内涵中有关科学(科技)价值表述的关键词,对其进行词云分析,结果见图 4-6。

由图 4-6 可见,在活态遗产桥梁科学价值的词云分析中,出现频率较高的一级与二级词汇分别有:①工程、技术、材料、跨度;②施工、结构、设计、保存、创新等。借鉴其他类别遗产的价值内涵,并结合活态遗产桥梁的特征,剔除已列入历史价值的保存,将设计与创新合并,施工、工程、技术合并,最终确定为设计创新、建造材料、施工技术、跨度、结构类型 5 个小类。

(三) 艺术价值

提取前文各类遗产价值内涵中有关艺术价值表述的关键词,对其进行词云分析,结果见图 4-7。

由图 4-7 可见,在活态遗产桥梁艺术价值的词云分析中,出现频率较高的一级与二级词汇分别有:①艺术、建筑、装饰、和谐;②风格、环境、视觉、吸

图 4-6　活态遗产桥梁科学价值词云分析

(图片来源:作者绘制)

图 4-7　活态遗产桥梁艺术价值词云分析

(图片来源:作者绘制)

引力等。借鉴其他类别遗产的价值内涵,并结合活态遗产桥梁的特征,将视觉与吸引力合并、环境与和谐合并、建筑与风格合并,最终确定为视觉吸引力、环境和谐度、建筑风格、装饰4个小类。

(四) 社会文化价值

提取前文各类遗产价值内涵中有关艺术价值表述的关键词,对其进行词云分析,结果见图4-8。

图 4-8　活态遗产桥梁社会文化价值词云分析

(图片来源:作者绘制)

由图4-8可见,在活态遗产桥梁社会文化价值的词云分析中,出现频率较高的一级与二级词汇分别有:①地标、文学、艺术、作品;②城市、文化、名称、象征、社区、影响力、知名度等。借鉴其他类别遗产的价值内涵,并结合活态遗产桥梁的特征,将城市与地标合并,文化、文学、艺术、作品合并,将名称与知名度合并,社区与影响力合并,最终确定为地标、文学相关性(即与文学艺术作品的关联性)、象征意义、名气、社区影响力5个小类。

(五) 使用价值

提取前文各类遗产价值内涵中有关使用价值表述的关键词,对其进行词云分析,结果见图 4-9。

图 4-9　活态遗产桥梁使用价值词云分析

(图片来源:作者绘制)

由图 4-9 可见,在活态遗产桥梁使用价值的词云分析中,出现频率较高的一级与二级词汇分别有:①经济、区位、生产、交通;②延续性、经济效益、功能、战略、无形等。借鉴其他类别遗产的价值内涵,并结合活态遗产桥梁的特征,剔除关联性不大的战略、无形,将经济与经济效益合并,生产、交通、功能、延续性合并,最终确定为经济效益、区位、生产生活服务 3 个小类。

三、活态遗产桥梁价值内涵的体系构成

根据上面两小节的内容,用聚类归总的方法确定大类、通过词云聚类归并确定小类,由此形成活态遗产桥梁的价值内涵体系(图 4-10)。

本章通过文化遗产的普遍价值内涵和工业遗产、历史园林、建筑遗产、

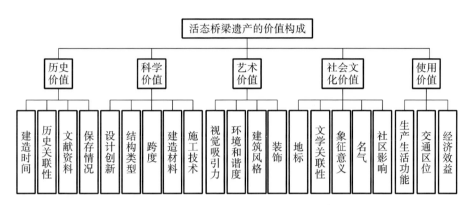

图 4-10 活态遗产桥梁的价值构成

（资料来源：作者绘制）

历史城镇、遗产桥梁等遗产门类的价值内涵及对其评价体系借鉴研究的基础上，归纳提炼出了符合活态遗产桥梁特性的历史价值、科学价值、艺术价值、社会文化价值和使用价值 5 大类、21 个小类组成的价值体系，该体系后面还将运用德尔菲法，经桥梁、遗产、风景园林类专家意见进行征询调整后，作为本书对活态遗产桥梁价值评价的关键因素给予应用。

第五章 活态遗产桥梁的价值构成

通过上一章对各类遗产的价值内涵及其构成体系的借鉴研究,归结出了活态遗产桥梁的 5 大价值内涵及其 21 个小类构成,下面以此为框架来探讨各自的价值内涵。

第一节 历 史 价 值

历史价值是所有遗产必须具备的首要价值,根据前文的词云归并研究,笔者将活态遗产桥梁的历史价值总结为建造时间、历史相关性、文献资料完整性和保存情况 4 个小类,下面予以分述。

一、建造时间

建造时间是指桥梁开始施工建设或建成投入使用的时间,其对活态遗产桥梁历史价值的影响主要表现为以下三种情况。

(1) 与建造时间的绝对久远相关。任何一种类型的遗产,建造的绝对年代越久远、保存的时间越长,历史价值就越大。活态遗产桥梁也是如此。例如土耳其卡雷凡大桥(图 5-1),约建于公元前 850 年,距今已有近 3000 年的历史,是迄今为止世界上保存完好并仍在使用的最古老的桥梁,故而具有极高的历史价值。

(2) 与建造时间的相对长短相关。部分国家由于自身的历史相对比较短暂,故而其文化遗产的建造时间对其历史价值的影响不同于其他历史悠久的文明古国。例如美国原则上把建造时间在 60 年以上的建筑认定是历史建筑,对遗产桥梁的认定基本也按照这一标准,甚至更低的标准,如印第

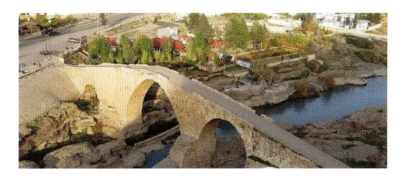

图 5-1　土耳其卡雷凡大桥

安纳州认定古桥的标准为 1965 年以前建成的桥梁[①]。

（3）与人类重大事件的时间节点相关。例如始于 18 世纪 60 年代英国的产业革命是人类工业文明的开端,故而建成于 1889 年的英国福斯铁路桥虽然距今仅有 100 多年的历史,但作为近现代工业文明发展的见证,同样具有极高的历史价值。

综上所述,历史绝对的久远、国家历史的开端、人类的重大事件等所有历史发展进程的标志点,均可成为活态遗产桥梁历史价值的体现。

二、历史相关性

历史相关性是指桥梁与历史名人、历史事件的相互联系。活态遗产桥梁作为历史的实物见证,与众多的历史名人、历史事件都有着千丝万缕的联系,这是其历史价值的重要体现,而价值的大小则由两者的关联程度和相关历史人物、历史事件的知名度或重要性两个指标决定。

例如钱塘江大桥的"炸桥事件"即为中国人民抗日战争的历史见证。1937 年淞沪会战之后,侵华日军占领上海,逼近杭州,就在钱塘江大桥通车(1937 年 11 月 17 日)的前一天,国民政府下令,如果杭州失守就炸毁该桥,事实上,早已预感到时局不妙的茅以升,于当年 7 月就已在该桥的南 2 号桥

---

① 张劲泉,蒋瑞年,程寿山,等.美国古桥保护法规、策略及关键技术分析[J].公路交通科技,2016,33(9):46-51.

墩上预留了一个安放炸药的长方形大洞,12月23日下午5点,通车仅89天的钱塘江大桥在日军入杭州城前夕,在弥漫的硝烟中被炸毁①。这有效地阻止了日军沿浙赣线向东部国土的推进速度,而桥梁的局部损毁又有利于抗战胜利后的恢复,茅以升、钱塘江大桥、抗日战争这几个关键的人物与事件高度地联系在一起,不仅成就了钱塘江大桥的活态遗产桥梁地位,也成就了作为桥梁科学家的茅以升的人格情怀。

又如捷克查理大桥与诸多历史人物的关联。捷克音乐之父——作曲家贝德利奇·斯美塔纳(Smetana Bedrich,1824—1884)将查理大桥视为自己心中的祖国,其著名交响诗《我的祖国》第二乐章《伏尔塔瓦河》原始曲谱的留白处标注有查理大桥的字样。著名文学家弗兰兹·卡夫卡(Franz Kafka)将查理大桥称为"生命的摇篮",其生命的最后一句话即为"我的生命和灵感全部来自伟大的查理大桥",这奠定了查理大桥作为活态遗产桥梁的深厚历史价值。

三、文献资料

文献资料是指与活态遗产桥梁相关的规划、设计、施工、维修、保养等文献资料的保存情况。保存完好的文献资料不仅增强了活态遗产桥梁的历史价值,也为其保护、维修甚至再建提供了权威的依据。

例如上海外白渡桥的设计、建造和历年大修的图纸档案均保存得十分完好,该桥2008年大修时之所以能够做到"修旧如旧",正是得益于这6卷现存于上海城市建设档案馆的图纸档案。由此可见,文献资料的完整性既是遗产桥梁非物质文化的重要构成,更是其活态历史价值的高度体现。

通常情况下,世界遗产在评选过程中都较为看重对遗产本体研究的多寡,得到研究者高度关注的遗产往往会得到遗产组织的更多重视。而对于活态遗产桥梁而言,原始的文献资料即为最重要的研究素材,其保存的完好程度可为更多的学者提供更为完整的研究资料,这也是能否成为遗产的重

---

① 杭州网.茅以升奉命炸毁钱塘江大桥"抗战必胜,此桥必复"[EB/OL].(2015-05-21).http://hznews.hangzhou.com.cn/shehui/content/2015-05/21/content_5778097.htm.

要影响因素之一。故而为了使桥梁的文献资料得到更好的保存,不少桥梁在其桥头的位置均会设立桥梁博物馆,例如金门大桥桥头的博物馆,里面不仅保存着上述的纸质文献资料,甚至当年桥梁建设时桥墩位置的地质勘探岩心标本等实物也得到了良好的保存,这更增加了桥梁进入遗产体系的保障。

四、保存情况

保存情况是指遗产保存的完好程度,物质文化遗存和非物质文化遗存均包含在内。活态遗产桥梁大多经历了一定的历史,或多或少都会遭受一定程度的破坏,保存的完好程度对历史价值的大小有着直接的影响。

就活态遗产桥梁而言,对保存状态造成影响的主要有自然和人为两方面的因素。其中,自然因素主要包括天灾、风化作用等,如我国丽江古城多处活态遗产桥梁毁于地震,凤凰古城百年风雨桥曾毁于洪水,温州泰顺的3座全国重点文物保护单位——薛宅桥、文兴桥、文重桥,毁于台风引发的山洪等。而人为因素主要体现在使用、维修、保护过程中的损毁及方法不当上。其中较为常见的第一种情况是船只碰撞,据统计,近半个世纪来,国际上平均每年约有1座大桥因船撞而垮塌或遭受严重破坏,这会极大地影响桥梁的历史价值。例如南京长江大桥自建成以来,已发生30多起桥体被撞事故,虽未对大桥产生实质性伤害,但仍在一定程度上影响了其历史价值。第二种情况则是维修不当,如赵州桥在1954年大修时,采用新的压力灌浆工艺取代原来的干摆砌筑工艺,并将原桥体、桥面、栏杆的绝大部分旧石料废弃,修缮中使用的石料约87%为新购,甚至在桥面上人工磨出一道"车辙沟"和一个"驴蹄印",这极大地影响了其遗产价值的原真性;而南京七桥瓮在2008年修缮时,同样采用新的石料更换了原桥面石、桥栏的古部件,严重破坏了遗产桥梁的原始风貌。正如梁思成所言:"直至今天,我还是认为把一座古文物建筑修得焕然一新,犹如把一些周鼎汉篦用擦铜油擦得油光晶亮一样,将严重损害到它的历史、艺术价值……在赵州桥的重修中,这方面没有得到足够的重视,这不能说不是一个遗憾。"①

根据前文所述的原真性和完整性价值标准,活态遗产桥梁的修缮应按照原有的工艺、使用原样的材料,并保证桥梁建筑遗存、空间格局、自然或景观环境及其在历史发展过程中产生和被赋予的社会文化要素和非物质文化遗产的完整性。

第二节 科技价值

《世界遗产桥梁报告》认为遗产桥梁的科技价值主要是"从工程的角度,通常从以下几个方面讨论桥梁:设计或类型(梁、拱、桁架、悬臂、悬架,或可移动式)、长度(通常表现为清晰度或整体跨度)和材料(石材、木材、铸铁和锻铁,以及我们今天所用的钢筋混凝土)。"据此,笔者根据前文的词云聚类研究,借鉴其他类别遗产的科技性内涵,并结合活态遗产桥梁的科技性特点,将遗产桥梁的科技价值归结为设计创新、结构类型、跨度、建造材料和施工技术 5 个小类。

一、设计创新

设计创新是指该桥梁的设计理念在结构类型、功能、外观造型等方面有新的突破,它是设计者在建造前及设计过程中对新的桥梁结构、桥梁造型、建造模式、材料运用等的反映。设计创新是规划设计、风景园林等学科的核心价值,可以说没有创新就没有生命力,对遗产桥梁也是如此。只有在一定时代的设计创新佼佼者秉承设计创新的原则进行桥梁设计,才有可能创造遗产桥梁。活态遗产桥梁的设计创新主要表现在以下 4 个方面。

(1) 设计思想的创新。例如林同炎先生和他的搭档艾伦·费曼基(D. Allan Firmage)1977 年设计的卢克丘基桥(图 5-2),虽然由于客观条件的限制,即当前施工技术水平与能力的限制未能建成,但岩石锚固、后张预应力、空间索面、正交异性板、抗震动态分析、风力风洞试验、负载平衡、应力控制

---

① 梁思成. 梁思成文集[M]. 北京:中国建筑工业出版社,1982.

和计算机仿真分析等技术已被成功地运用到桥梁设计中。该桥创新性的设计思想不仅给后世的桥梁带来了深远的影响,而且还使林同炎获得了1979年的"先进建筑奖"首奖。我们期待该桥能在不久的将来实施完成,而如此创新建造的桥梁也定将成为"代表人类创造天赋"的遗产桥梁载入史册。

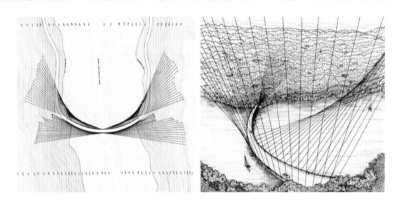

图 5-2　卢克丘基桥设计构想

(2) 功能的创新。例如西班牙维斯盖亚桥(图 5-3),该桥为没有桥面的高空拉索桥,只在高出河面的桥身下吊挂一个中间放置车辆、两侧的座舱工人乘坐的吊篮,由于它是世界上第一座也是唯一一座目前仍在使用的该类桥梁,既继承了19世纪的钢铁传统,又采用了当时先进的螺纹钢筋轻质技术,故而被世界遗产委员会誉为"功能性和建筑美学的完美结合"。

(3) 结构的创新。例如世界上现存第二早、保存最完整的古代单孔敞肩石拱桥——赵州桥(图 5-4),其首创的敞肩拱券技术,既节约石料、减轻桥重,又增大泄洪断面,并使桥体更加轻巧秀丽。

(4) 景观形象的创新。例如云南五家寨铁路桥(图 5-5)是由法国工程师保罗·波登根据当时先进的应用力学原理设计的,桥梁造型既似汉字的"人"字,又形如弓弩,具有极高的景观美学价值。

上述四个方面均是设计创新的重要体现,可见设计创新不仅为遗产桥梁增添了丰富多彩的形象,也为其发展增添了许多设计创意,并使其真正发挥遗产的传世功能从而影响后代。

图 5-3 维斯盖亚桥

图 5-4 河北赵州桥

图 5-5 云南五家寨铁路桥

二、结构类型

桥梁由上部结构和下部结构共同组成(表 5-1),一般总体分为梁式桥、拱式桥、刚架桥、悬吊式桥 4 个基本类型,这 4 个基本类型的组合又可生成错综复杂的其他结构形式。

表 5-1 桥梁的结构组成及其功能

结构部分	界定	组成	功能
上部结构	桥梁结构中直接承受车辆和其他荷载并跨越各种障碍物的结构部分	桥面构造(行车道、人行道、栏杆等)	跨越山谷、河流及各种障碍物,并将直接承受的各种荷载传递到指定的下部结构上去,同时保证桥上交通在一定条件下安全、正常运营
		桥梁跨越部分的承载结构	
		桥梁支座	
下部结构	桥梁结构中设置在地基上用以支承桥跨结构,将其荷载传递至地基的结构部分	桥墩	支承桥跨结构,并将桥跨结构所承受的荷载传递到地基中去,确保上部结构的安全使用
		桥台	
		墩台基础	

(资料来源:罗韧著《桥梁工程导论》)

活态遗产桥梁在结构类型方面的科技价值,主要表现在以下 3 个方面。

(1) 活态遗产桥梁的结构类型是某种新的桥梁结构类型的第一例。例如绍兴八字桥是我国最早的立交桥,瑞典的斯特伦松德桥是世界第一座近代公路斜拉桥。

(2) 活态遗产桥梁的结构类型是某种结构类型的典型代表。例如悉尼海港大桥是典型的单孔拱式桥,因其跨度为 503 m 的拱架被誉为"世界第一单孔拱桥"。

(3) 活态遗产桥梁的结构类型是某种独特结构类型的桥梁。例如匈牙利塞切尼链桥是以链索为骨架的三孔铁桥,贯木拱桥(木拱廊桥)是我国独有的桥梁结构。

上述不同结构类型的活态遗产桥梁作为突出案例的代表,展示了桥梁工程技术发展的重要阶段,反映了世界桥梁科技的文明和进步,并从不同侧面体现了活态遗产桥梁的科技价值,故而活态遗产桥梁的结构类型是影响其科技价值的重要因素之一。

三、跨度

跨度也称跨径,表示桥梁的跨越能力。跨度越大,相应的构造和技术也就越复杂,故而跨度是代表桥梁科技水平最为重要的指标之一。桥梁跨度中,单跨跨径的大小是最主要的衡量标准。不同结构、不同材料的桥梁单跨跨径的大小也不尽相同,这一点从我国古代遗产桥梁的单跨跨径中可以看出(表 5-2)。

表 5-2　我国古代遗产桥梁的单跨跨径

类型		最大跨径	桥梁
梁桥	石梁桥	23.7 m	福建漳州虎渡桥
	石板桥	12 m	四川雅安市荥经县安静乡四孔石板桥
	双向伸臂木梁桥	33 m	四川甘孜新龙县波日桥
索桥	竹索桥	140 m	四川盐源县打冲河桥
	铁索桥	142 m	四川芦山县龙门铁索桥
拱桥	木拱桥	39.7 m	福建寿宁县鸾峰桥
	石拱桥	37.02 m	河北赵县赵州桥

(资料来源:项海帆等著《中国桥梁史纲》)

表 5-2 中所列出的遗产桥梁的单跨跨径大小从 12～142 m 不等,但其构筑跨径的结构均居世界同类结构的古代桥梁之首。除四川盐源县打冲河桥不再使用,波日桥和赵州桥成为旅游景区,其余均为活态遗产桥梁并仍在发挥交通功能。故而在同类材料或结构中跨度最大的桥梁更易成为遗产桥梁,但亦非以绝对跨径大小为选定标准。

随着科学技术的发展,桥梁的长度和跨度也在不断攀升,每一次桥梁跨度新的世界纪录的诞生都标志着桥梁科技的飞跃,故而桥梁整体跨度也是活态遗产桥梁科技价值的重要体现。以悬索桥的跨度发展为例,布鲁克林桥主跨为 486 m,是当时世界上最长的悬索桥;乔治·华盛顿大桥上层跨度达到 1067 m，是有史以来第一座跨度超过 1000 m 的桥梁；旧金山金门大桥主跨达到 1280 m，再次刷新记录并保持至 1964 年；日本明石海峡大桥主跨达到 1991 m，是目前世界上跨度最大的悬索桥，也是第一座主跨超过 1 英里（1609 m）和 1 海里（1852 m）的桥梁，该桥还同时保持着世界最长边跨（960 m）和世界最高的桥塔（297 m）的世界纪录。这些桥梁大多为活态遗产桥梁，而日本的明石海峡大桥虽目前不在活态遗产桥梁之列，但当今日本的形象宣传均以该桥为国家标志物，其进入遗产行列应是指日可待的。随着桥梁科技的不断发展和进步，这一纪录还将被继续刷新，故而追逐跨度的不断创新，也意味着为未来输送更多具有科技创新价值的活态遗产桥梁，由此可窥科技创新对活态遗产桥梁的价值影响。

四、建造材料

桥梁的建造材料主要是指桥的主体结构所使用的建筑材料，包括木材、石材、索材、钢材、钢筋混凝土等。活态遗产桥梁在建造材料方面的科技价值主要表现在以下 3 个方面。

（1）该活态遗产桥梁是桥梁发展史上第一次使用某种建造材料建设的桥梁。例如纽约布鲁克林桥是世界上第一座使用钢材建造的桥梁，之前的桥梁建设基本都是使用木材或石材等的。

（2）使用该种材料建造的桥梁目前保存下来的数量非常稀少。例如以木材为主建造的活态遗产桥梁保存下来并仍在使用的数量非常少，因而我国闽浙地区保存至今并仍在使用的木拱廊桥就显得尤为珍贵，这促使这些木拱廊桥进入我国活态遗产桥梁的保护体系。而木材由于自身的原因不利于保存，该类桥梁建造的年代也未必久远，但其桥梁的营造技艺、匠师传承却保存得非常完整，故而该类桥梁的营造技艺得到世界非物质文化遗产的青睐。相对而言，使用永恒性更强的材料建造的桥梁，如石桥由于保存时间长而在遗产保护体系中占有较大的分量；而钢材虽然由于受大气侵蚀寿命有限，但钢结构的桥梁都具有小构件更新的特征，故更容易进入活态遗产桥梁之列，金门大桥的总设计师约瑟夫·施特劳斯甚至宣称钢结构的桥梁是"永恒的桥梁"。

（3）该活态遗产桥梁使用的建造材料在某些地区属于非常罕见的建材。例如木材和石材在加拿大格兰德河流域属于非常罕见的建筑材料，故而这种材料建造的桥梁在该地区的价值非常高，这一点在《格兰德河流域遗产桥梁名录》对遗产桥梁的评级标准中有明确体现。

综上所述，建造材料不仅是活态遗产桥梁科技价值的重要体现，也由于各种材料之间的不同组合而使活态遗产桥梁呈现出多样化的趋势，并因各种材料自身的特点而成为制约桥梁成否成为遗产的重要因素之一，而在建造材料方面呈现出稀缺性、永恒性特点的桥梁，更易于得到遗产保护组织的青睐。

五、施工技术

施工技术是指桥梁在按照设计要求施工建设的过程中所采用的方法和技术。历代桥梁在建设的过程中，建设者们用自己卓越的智慧、丰富的经验和精湛的技艺创造了许多新型的施工方法和技术，为世界桥梁工程技术的发展做出了巨大贡献，这也是活态遗产桥梁科技价值的重要体现。

例如南京长江大桥在施工中采用了钢梁伸臂安装、公路纵梁用高强度螺栓连接、主梁采用分布式钢丝束、抽拔胶管制孔和底模振捣灌注工艺等新技术，并根据桥墩所处地貌、地质、水文等具体条件，采用了4种不同类型的正桥基础：8号墩、9号墩采用我国自行研制的中-250型振动打桩机，在47 m深覆盖层中下沉直径为3.6 m、总长70 m的预应力混凝土管柱基础，整套工艺在当时位居世界先进水平；4号墩、5号墩、6号墩、7号墩采用自浮式沉井，在浮运、定位、落底、下沉、基岩清挖整平、基础检验等各个施工环节中均有创新；1号墩的重型沉井下沉至埋深53 m处的砂砾层上，这一深度纪录为世界少见；2号墩、3号墩的浮式沉井加管柱复合基础水下深度达73 m，与当时世界最深的桥梁基础——美国旧金山海湾大桥相同，故而"南京长江大桥建桥新技术"荣获我国1985年年度国家科技进步奖特等奖，并成为我国桥梁科技自力更生进入世界先进行列的开端。该桥已被列入第一批《中国工业遗产名录》，并正在申报全国重点文物保护单位，如获批将取代武汉长江大桥成为中国最年轻的全国重点文物保护单位。由此可见，活态遗产桥梁并非是"年长胡子长",很可能是我国甚至世界遗产中最"年轻有为"的一种遗产类型。

第三节 艺术价值

根据前文的词云聚类研究,结合文化景观、工程景观和桥梁景观的视角,笔者将活态遗产桥梁的艺术价值归并为视觉吸引力、环境和谐度、建筑风格和装饰4个小类。下面对其价值内涵给予阐述。

一、视觉吸引力

视觉吸引力是指桥梁以其体量、造型、色彩等外在形象吸引人们的注意或给人造成的视觉冲击力度。桥梁是架空的建筑或构筑,它跨越水面或其他障碍的尺度相较于建筑而言要大得多,故而桥梁大多拥有巨大的体量、宽广的视野,结合活态遗产桥梁具有的独特造型,这些均会给人带来强力的视觉冲击和深刻的审美感受。即使是尺度不太大的桥梁,由于受其所处的宽广空间衬托,也会显得视觉焦点突出。因此,活态遗产桥梁一般会成为区域或城市中的聚焦或视觉中心,而达不到此要求的桥梁也是很难成为活态遗产桥梁的。

另外,对于站在桥上观景的人而言,桥梁一般处在一个宽广的河面或高举的环境当中,这使人能够感受到一般城市空间难以感知的更大尺度的空间景域,这也给桥梁的环境景观提出了一定的审美要求。欣喜的是,能够成为活态遗产的桥梁,普遍都被认为是美学上的佼佼者,反之,视觉吸引力不强的桥梁是很难有机会入列的。

由于活态遗产桥梁的多样性,不同结构类型的桥梁会给人不同的审美感受。梁桥结构简洁、实用,大跨径的梁桥精干而富有力度感,跨径相对较小的梁桥主要靠其结构上的重复来增加韵味,这些均能因其视觉吸引力而为遗产的艺术价值增分。例如我国现存最早的跨海梁式石桥——福建泉州的洛阳桥(图5-6),其45个流线形舟筏式桥墩不仅有利于分水,而且样式美观,又因处在宽广的水域上,从而具有极强的审美韵律感,这极大地增强了

图 5-6　泉州洛阳桥

该遗产桥梁的艺术魅力。

拱桥在视觉上往往具有跨越感,圆弧拱优美而庄重,抛物线拱和悬链拱富有张力并充满力度。例如赵州桥的四个肩拱均衡对称立于主拱之上,远望如"初月出云,长虹引涧"(唐·张鷟《朝野佥载》),不仅在视觉上实现了建筑和艺术的完整统一,该桥也被视为最优美的单拱虹桥并成为其他桥梁学习和模仿的榜样。

悬索桥比例均衡、气势磅礴,由于结构形式比较固定,其变化之处主要在于桥塔和细部装饰,故而视觉吸引力主要体现在其大跨度的磅礴气势、轻巧而又独特的风格等方面。例如美国金门大桥(图 5-7)整体造型宏伟壮观、朴素无华,由红、黄和黑混合而成的"国际橘"桥身横卧于碧海白浪之上,其结构和外观被公认为张力美的典范,该桥也因其视觉吸引力成为世界上最上镜的大桥,从而极大地增强了其艺术价值。

二、环境和谐度

环境和谐度是指桥梁与其周边环境的和谐程度。活态遗产桥梁的外观形式除了满足其特有的功能需求外,还因环境美学的影响而追求与周边环境的共融与协调,从而在一定程度上体现出二者之间的相得益彰,而这种和谐主要表现在以下 3 个方面。

(1) 桥梁与两岸景物的良好搭配。例如悉尼海港大桥和与之相邻的悉尼歌剧院(图 5-8),在造型、色彩等方面既有强烈的反差和对比,又互相映

图 5-7 美国金门大桥

图 5-8 悉尼海港大桥

衬、和谐统一,故而该桥与悉尼歌剧院的组合场景不仅成为悉尼的地标,更是澳大利亚的国家象征,这对该桥进入活态遗产桥梁体系是有极大加分作用的。

(2) 桥梁与周边地形的巧妙衔接。例如武汉长江大桥利用长江两岸龟、蛇两山的自然举势作为桥梁引线,既保障了桥下通航的净空,减少了桥梁的长度,也实现了"龟蛇锁大江"的磅礴气势,这使该桥与两山的连体场景(图3-6)成为武汉的标志,其意境也通过毛主席的诗词广为传播,极大地增强了该桥的活态遗产桥梁魅力。

(3) 桥梁本质美与山水的呼应。例如颐和园十七孔桥(图 5-9)被乾隆皇帝誉为"修蝀凌波"和"灵鼍偃月",分别形容该桥优美的弧线桥廓犹如一道彩虹从碧波荡漾中升起,而其月牙状的桥体又如一个神兽横卧于昆明湖上,其多孔的连续变化将昆明湖千顷碧波空旷的孤寂感消弭殆尽,湖光、山色、长桥、倒影,构筑了一副既和谐统一又变幻无穷的美丽画卷。

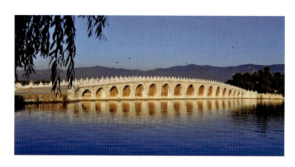

图 5-9　颐和园十七孔桥

综上所述,拥有良好、和谐度高环境的桥梁,就意味着艺术价值的增值,而这对其能否成为活态遗产桥梁是有重要影响的。

三、建筑风格

建筑风格是指建筑物由于所处时代、设计思想、艺术素养等的差别而在形态、布局、艺术手法等方面表现出来的不同特征和意境。桥梁也通常被视为建筑,既是建筑就有风格,而这种风格按常规可从时代和地域两个角度理解。不同风格的佼佼者也会因其典型性与代表性而增加艺术价值。

(1) 不同的民族建造的桥梁多具有典型的民族或地域风格。例如风雨桥(图 5-10)是我国侗族、壮族、瑶族等少数民族在其传统干栏式建筑的基础上发展起来的独特桥梁形式,除桥墩为石材外,其余均为卯榫嵌合的木结构,桥上多造重檐的廊、阁、亭,上加木雕彩绘,故又名"花桥"。如此造型的桥梁不仅本身具有极高的艺术观赏价值,同时还因其为少数民族所建而具有极高的民族艺术价值。

(2) 不同时代建造的桥梁都具有典型的时代风格。例如伦敦塔桥(图 5-11)的两座主塔均为典型的维多利亚风格,远看仿佛两顶高高耸立着的王冠,是英国一定时代建筑风格的典型代表,具有极高的建筑艺术价值。

四、装饰

为使桥梁更加美观,通常会在桥头设置桥头堡、雕塑、碑刻、华表、阙、牌

图 5-10　侗族风雨桥

图 5-11　伦敦塔桥

楼等建筑,并在相应的位置通过雕塑、雕刻、楹联等方式进行装饰,这些装饰的题材、内容、色彩、造型、艺术手法等都是鉴别其艺术价值的重要体现。

例如捷克查理大桥(图 5-12)完美地将哥特式风格的桥梁建筑与巴洛克风格的雕饰融为一体,桥头堡为哥特式建筑,其上遍布巴洛克式的浮雕,桥两侧石栏杆上的 30 座雕像均出自 17 世纪至 18 世纪捷克的巴洛克艺术大师之手,被欧洲人称为"欧洲的露天巴洛克塑像美术馆",这些雕饰充分体现出查理大桥悠久的历史和独特的品位,具有极高的艺术价值。

又如中国的卢沟桥(图 5-13),两侧桥头各有一对华表,华表顶部各有一

图 5-12　查理大桥及桥头堡

图 5-13　卢沟桥及石狮

对石兽,东边为一对狮子,西边为一对大象;两侧石雕护栏上各有 140 根高 1.4 m 的望柱,柱顶雕有众多形态各异的石狮,据记载原有 627 个,现存 501 个,多为明清之物,也有少量的为金元遗存。这些雕饰形态各异,富含建造匠人的奇思妙想,具有极高的艺术价值,而该桥也被马可波罗誉为"世界上独一无二的桥"。

总之,具有一定艺术价值的装饰,对活态遗产桥梁而言,也是其艺术价值的重要加分项之一。

第四节　社会文化价值

根据前文的大类归总和小类词云聚类研究,笔者将活态遗产桥梁的文化价值与社会价值归并为社会文化价值,并将其价值内涵总结为地标、象征意义、文学关联性、名气、社区影响 5 个方面。

一、地标

地标是城市或区域中具有鲜明特征的标志性地点或物象,识别性强的景观、特色的建筑甚至空间均可成为地标。凯文·林奇认为地标是"观察者外部观察的点状参照物"[①],并将其作为城市意向形成过程中起提供线索和确认目的作用的构成要素之一。城市CI理论对城市视觉识别系统(简称VI)中地标的解释为能够充分体现该城市或地区的风貌、历史、文化及社会发展的标志性建筑,是营造城市特色的手段之一。

桥梁在河流廊道或城市空间中最易从周边环境的诸多元素中脱颖而出,在引人注目的同时也能给人留下深刻印象,故而在城市感知和城市意向中桥梁是最具可识别性甚至在某些方面具有唯一性的地标之一。正如《世界遗产桥梁报告》中特别强调的遗产桥梁必须"体现某个民族的精神或某个区域的特性",并引用16世纪意大利建筑师和工程师安德烈亚·帕拉第奥的论断,提出"桥梁所表现出的宽敞、稳固和赏心悦目的特征应和当地的精神文化相契合",故而遗产桥梁是其所在地社会文化价值的组成部分之一。

由此可见,作为地标的桥梁和社会文化之间具有极强的关联性,故而桥梁尤其是活态遗产桥梁都以其优美的艺术造型、丰厚的文化底蕴、和谐的景观环境而成为所在区域的地标。例如金门大桥是美国旧金山的地标,也是世界上最上镜的桥梁之一;悉尼海港大桥被澳大利亚人誉为悉尼的象征;布鲁克林大桥不仅是纽约市的地标,更是美国国家历史地标,这些均是活态遗产桥梁社会文化价值的重要体现。

二、象征意义

桥梁的主要功能是将两岸或两端连接起来,故而在《现代汉语词典》中,对"桥梁"一词的释义有二:①"架在河面上连接两岸的建筑物",即桥梁的本义;②"比喻能起沟通作用的人或事物",即桥梁的象征意义。活态遗产桥梁作为文化景观,其所处的文化背景决定了其景观表征符号的象征性意义,使

---

① 凯文·林奇.城市意向[M].方益萍,何晓军,译.北京:华夏出版社,2001:42.

其可以成为爱情、时代、宗教等精神方面的文化象征,这也是其社会文化价值的重要组成部分之一。

桥梁因是沟通的纽带而成为爱情的象征,古今中外许多著名的活态遗产桥梁都与爱情故事有着不解之缘。例如杭州西湖的断桥与中国民间故事《白蛇传》中白娘子和许仙缠绵悲怆的爱情故事联系在一起;在传说中,威尼斯叹息桥祝福日落时分在桥下的刚多拉上亲吻对方的恋人们得到天长地久的永恒爱情,并在浪漫喜剧电影《情定日落桥》中演绎了这一传说。此外,同样作为爱情象征的还有电影《廊桥遗梦》中的"廊桥"①、《魂断蓝桥》中的"蓝桥"等。

在中国传统的风水观念中,水通常象征着财富和运势,而设置在水口的桥梁则被认为能起到锁住财气的重要作用,或通过桥梁的引导将财富和气运引入人们的生活环境,从而使得桥梁成为风水和运势的象征。例如在侗族文化中,风雨桥的本名是"福桥",意为"幸福吉祥之桥",侗族人认为财、福会随水而流逝,故常在河流下游建桥镇水以留住财、福。广西柳州的永济桥(图5-14),建于林溪河下游的程阳八寨出水口处,并用木板将风雨廊桥靠下游的一侧封实,就是为了"锁财源、保风水",该桥也因此被视为程阳八寨的"护寨符"。

图 5-14　程阳风雨桥

不同时期的桥梁在建设的过程中通常会有一定的时代烙印,而活态遗产桥梁一般均会成为时代的象征。例如南京长江大桥建成通车的1968年正

---

① "廊桥"即位于美国艾奥瓦州麦迪逊郡的罗斯曼桥,该桥始建于1883年,为具有当地独特特色的加盖木桥之一,这类桥梁原有19座,现仅存5座,均已被列入美国国家登录遗产。

值"文化大革命"期间,故而该桥正桥南北两端的大桥头堡顶端均建有呈飞跃前进状的钢制"三面红旗"(图 5-15),分别代表总路线、人民公社、"大跃进",小桥头堡上建有灰色的"工、农、兵、学、商"混凝土群像,大小桥头堡的侧面写有"全世界人民大团结万岁"、"人民,只有人民,才是创造世界历史的动力"等红色大幅标语,这些雕塑和标语都给南京长江大桥打上了深深的时代烙印。

图 5-15　南京长江大桥桥头堡

(图片来源:作者摄影)

桥梁因多位于山川胜地或咽喉之处,加之其起到连接两地的沟通作用,故而在宗教中桥梁通常被认为是众神升降的必经之路或人与神灵沟通的纽带而成为祭祀之所。例如在许多佛寺、道观中的放生池上,均建有"飞梁"作为信众放生之所,这里桥梁成为人与神灵沟通的象征;而我国闽浙地区的木拱廊桥,大多都在桥屋内设置神龛用以供奉神灵和祭祀,这里桥梁的象征意义是让众神在升降的必经之途上便利地享受供奉,这些都是桥梁宗教象征意义的重要体现。该类有更多象征意义的桥梁,因其宗教影响而具有更大的社会文化价值,而活态遗产桥梁的表现尤甚。

三、文学关联性

"关联"一词是指事物之间相互发生的联系和影响。结合《中国古桥技术史》(茅以升,1986)和《中国科学技术史·桥梁卷》(唐寰澄,2000)中有关桥梁文学的论述,笔者将文学关联性界定为桥梁与文学艺术作品之间的相互联系,主要表现为桥梁在文学艺术作品中出现或桥梁设计建造受文学艺术思想的影响两方面,它们共同组成了活态遗产桥梁丰富的文化内涵,也是其社会文化价值的重要体现。

活态遗产桥梁作为区域性地标或社会生活的重要场所,常在诗歌、小说、绘画、影视等文学艺术作品中出现。例如上海外白渡桥(图 5-16)作为上海的地标,出现在茅盾作品《子夜》的开篇:"暮霭挟着薄雾笼罩了外白渡桥的高耸的钢架,电车驶过时,这钢架下横空架挂的电车线时时爆发出几朵碧绿的火花。"[①]也多次出现在《上海滩》《大城小事》《苏州河》《色戒》《小时代》等影视剧作品中。

图 5-16　上海外白渡桥

而周庄的双桥(世德桥、永安桥),则出现在旅美画家陈逸飞的油画作品《故乡的回忆》中(图 5-17),后被美国石油大王哈默看中改名为《双桥》,并在访华时将其作为礼物赠送给邓小平,从而成为中美两国友谊的象征之桥。

桥梁因是连接两岸的通道而被视为人和神灵沟通的纽带,故而有许多与活态遗产桥梁相关的神话故事或民间传说。例如位于恭州府津琨双龙凤峰(现重庆市江津双凤村金扁担社)的鹊桥(《兰轩咨记》),传说中是鸟神被牛郎织女的真挚情感所感动而派来的喜鹊搭成的桥;意大利罗马圣天使桥,传说中天使长弥额尔曾在城堡的屋顶显现并宣布黑死病的结束等,这也是

---

① 　茅盾.子夜[M].天津:天津人民出版社,2017.

图 5-17　周庄双桥及陈逸飞画作

其社会文化价值的重要组成部分之一。

四、名气

凡桥有名,或以形名、或以地名、或以人名、或以事名[1],即桥梁在命名时或与其出资者、设计者、建设者等相关,或与其所在地点相关,或与历史、宗教、文学等有关,这些命名方式都体现出活态遗产桥梁丰富的文化内涵和社会价值。

例如威尼斯叹息桥因连接威尼斯公爵府的审讯室和老监狱,故犹如隔绝生死两世,囚犯们接受宣判后经由密不透气的叹息桥走向死牢,面临的将是永别俗世,它们从桥上的窗口最后望一眼美丽的威尼斯,不禁一声长叹,故名叹息桥。

又如上海外白渡桥因"里""外"在汉语中指的是距离某一点的远或近的程度,故更靠近苏州河上游的桥便称为里白渡桥,而位于河口的便自然而然地被称为外白渡桥[2];而之所以称之为"白渡桥",则是因为该桥建成后,凡是过河无须再支付过桥费,因此是"白"渡[3]。

许多活态遗产桥梁都会成为城市或区域的空间地标,其周边空间都会以桥为名,如武汉长江大桥汉阳侧的汉桥路、建桥新村、大桥社区等。而有些历史桥梁虽然现在已不存在,但以其命名的地名至今仍在使用,如北京的

---

[1] 唐寰澄.中国科学技术史·桥梁卷[M].北京:科学出版社,2000.
[2] 薛理勇.外滩的历史和建筑[M].上海:上海社会科学院出版社,2002.
[3] 外白渡桥:一座桥与一个城市的集体记忆[N].东方早报,2008-02-21.

天桥、三元桥，上海的虹桥，武汉花桥、六渡桥、积玉桥、三眼桥等，这充分体现出了遗产桥梁的社会文化价值。

五、社区影响

社区是人类社会最基本的构成单位，在社会学中是指由若干社会群体或社会组织聚集在某一地域范围内所形成的相互关联并具有一定文化特征的社会生活共同体。ICCROM 在《活态遗产保护方法手册》中也特别强调核心社区在活态遗产中的重要作用，并认为活态遗产对一定地域范围内的社区居民的生活有着持续的影响。而活态遗产桥梁是人类群居之后出现的公共建筑，它与当地人民的日常生活息息相关，除了给人们的日常出行带来交通便利外，也对社区的传统文化、生活习惯、民俗节庆、精神信仰等方面产生了巨大的影响，故而笔者也将社区影响视为活态遗产桥梁社会文化价值的重要体现之一。

活态遗产桥梁对社区文化和民俗的影响，例如福斯铁路桥的主体结构多使用钢材，其管理、养护中涂刷油漆的工作量大、耗时长，以至于"paint the Forth Bridge（给福斯桥刷漆）"成为英国俗语，形容一件永远都做不完的工作。又如广东佛山的通济桥"行通济，无闭翳"的传统习俗，《行通济》一书中形容："到乾隆年间，行通济之风日趋旺盛，每到正月十六，从清早到午夜，各家各户，携子带女，手举纸制风车、风铃、小花灯，拥到通济桥边，再绕道回家。"这一从明末清初开始的民俗活动延续至今。

活态遗产桥梁对人们精神上的影响，例如布鲁克林大桥的创造者罗夫林父子，他们在众多桥梁专家都反对的情况下，于 1883 年克服种种困难建成该项目。建设过程中，一场灾难性的事故就发生在了大桥的施工现场，父亲约翰·A. 罗夫林在事故中不幸身亡，儿子华盛顿·罗夫林则丧失了行动和语言功能，但他将自己的设计思想通过自己唯一能动的一个手指和与妻子之间独特的"密码"传达给负责建桥的工程师，布鲁克林大桥最终建成。他们的这种励志精神成为当地人民的精神财富，鼓励人们在面对困难时能够勇敢面对。

活态遗产桥梁的社区影响还体现在桥头下方的公共空间里，这里通常都是当地居民社交、聚会、游憩、休闲的主要场所,从而成为区域或城市的公共文化空间,并因历史、文化、传统习惯的延续而具有一定的社会凝聚力。例如武汉长江大桥的武昌桥头,曾经桥头下的街头戏班是武汉市的一道独特风景线,每天有3个楚剧团在这里演出,剧团不卖票,居民自由观看、自愿给钱,居民们边听戏边进行打牌、修脚等活动(图 5-18),这些草根艺术团的存在也是楚剧这一传统剧种得以延续上百年的群众基础。2013 年,桥头下的楚剧戏班被全部清理,改在附近的室内演出,但打赏钱的方式仍然在延续。现在的武昌桥头是居民公共休闲活动的场所,但部分街头个体服务者仍然存在(图 5-19)。

图 5-18 武汉长江大桥武昌桥头曾经的楚剧演出及个体服务

图 5-19 武汉长江大桥武昌桥头的公共休闲空间及个体服务

(图片来源:作者摄影)

综上所述,活态遗产桥梁自建造起就具有属于民众共有的社会性,并在历史长河中对社区居民的生产生活、传统文化产生了巨大的影响,而这种影响随着活态遗产桥梁使用功能的延续,而得以传承、延续和发展,并成为影响其社会文化价值的重要因素之一。

第五节 使用价值

活态遗产桥梁最根本的特征是延续性,即最初的或历史发展过程中的功能仍在延续,故而使用价值便成为衡量延续性的重要标杆。笔者认为活态遗产桥梁的使用价值主要表现在生产生活的服务性、交通区位的重要性和经济效益三个方面。

一、生产生活功能

桥梁建造之初的目的就是为人们的生产生活服务的,而时至今日,具有突出的普遍价值的桥梁本初功能仍在延续,这便是活态遗产桥梁使用价值最重要的体现,也是其使用价值的核心所在。以下将分别从生产和生活两个角度进行阐述。

活态遗产桥梁的生产功能可从其生产运输功能方面来理解,包括直接为两岸生产服务的人员交通、成品或半成品搬运等,也包括活态遗产桥梁作为生产线中的一环而具有的货物、水流、材料等的输送功能,还包括间接性的桥梁下空河流的生产性船舶的运输功能等。例如武汉长江大桥、南京长江大桥既为两岸人员的出行提供便利,也作为我国南北公路、铁路干线运输的重要组成部分为人们的生产服务,并同时保障其下长江黄金水道的大型船舶货运功能等。

活态遗产桥梁的生活功能包括为两岸生活直接服务的人员综合交通、桥上游憩、桥体观光、桥头公园游憩等,也包括为两岸生活间接服务的对外综合交通、桥下游憩与人员通航等。例如我国闽浙地区的木拱廊桥,既是当地居民日常出行的交通要道,桥上的廊屋也是休憩之所;周庄古镇的活态石拱桥,既以其独特的形态供游客进行桥体观光活动,也因其下纵横的河道而可供游船通行,并进行桥下游憩活动;伦敦塔桥内设有商店、酒吧等,供人们购物、聊天或眺望两岸风光等。

二、区位功能

活态遗产桥梁的交通功能延续至今,最主要的原因是所处的位置是该地区的交通要道,在当地交通中发挥着不可或缺的作用,且部分桥梁"扼地区交通咽喉"的战略地位是暂时无法替代的。因此,交通区位是活态遗产桥梁使用价值存在的根本原因,其具体表现为以下几个方面。

(1) 活态遗产桥梁作为某一地区的交通枢纽。"枢纽"一词出自《文心雕龙·序志》,意为"重要的部位或事物之间相互联系的中心环节",也指"重要的地点或事物的关键之处"(《辞海》)。而交通枢纽则是指几条交通干线或几种交通方式的交会之处,一般都位于交通网络中各主要通道或线路的交叉点,也由于大量的车辆、物资和人员的汇集而成为重要的集散中心。部分活态遗产桥梁也因处于公路、铁路、水路交通的交会之处而成为该地的交通枢纽。例如南京长江大桥是我国华东地区长江南北公路、铁路交通和长江下游干流航道的咽喉,南京市政部门曾表示:如果南京长江大桥的公路桥和铁路桥封闭,仅需10分钟的时间,南京市区的公路和整个华东地区的铁路网络均会陷入瘫痪状态。2006年10月28日22:00,作为南京市唯一免费过江通道的南京长江大桥公路桥进入为期27个月的封闭维修时间,次日上午,作为过江替代的长江隧道中的车辆增幅达到70%,周边道路出现大面积拥堵现象,下层铁路运行也被迫调整,可见南京长江大桥交通区位的重要性及带来的使用价值影响。

(2) 活态遗产桥梁作为交通线路(公路、铁路、航道)的重要节点。"节点"这一概念的应用范围很广,在自然科学领域中通常是指交汇点。如在电力学中是输电塔上各主要部件的交汇之处,在机械工程学中是一对相啮合的齿轮上两个圆的切点,在网络拓扑学中是网络支路互相连接的公共点等。而在交通运输领域,节点则是指交通线路中的瓶颈部位,或公路、铁路、水运航道的相交之处,它是交通网络的重要组成部分,其设置的合理与否直接关系到相关线路乃至整个交通网络功能的发挥。活态遗产桥梁通常都位于交通线路的交会之处,并因其连接功能而成为重要的交通节点。以我国南北铁路交通干线为例,多条线路均因活态遗产桥梁的存在而将原本被黄河、长江、钱塘江等分隔的铁路线连为一体,如京广线(原京汉—粤汉铁路)上的武汉长江大桥、焦枝—枝柳铁路干线上的枝城长江大桥、京沪线(原沪宁—津浦铁路)上的南京长江大桥、浙赣—沪杭铁路干线上的钱塘江大桥等,它们均为我国南北铁路交通大动脉上不可或缺的重要节点,其战略性的交通区位具有不可替代性,故而这些活态遗产桥梁时至今日仍在发挥着重要的交通连接功能,这些均是活态遗产桥梁的使用价值所在。

(3) 活态遗产桥梁作为连接城市片区的重要通道。人类文明的起源通常位于大河流域,如华夏文明起源于黄河流域,美索不达米亚(巴比伦)文明起源于两河(幼发拉底河、底格里斯河)流域,埃及文明起源于尼罗河流域,印度文明起源于恒河流域等,早期的城市也是沿河而建,并随着社会经济的发展,城市规模不断扩大至跨越河流两岸,如秦咸阳城在秦孝公时期规模仅限于渭水北岸,至秦始皇统一六国后,则向南扩张而横跨渭水两岸。大江大河穿城而过,桥梁就成为连接两岸城市片区的重要通道。例如伦敦塔桥横跨泰晤士河,将伦敦南北两大片区连成整体;查理大桥横跨伏尔塔瓦河,是连接布拉格老城区和城堡区的交通要道;武汉长江大桥将武汉的武昌、汉口、汉阳三镇连为一体等。难以想象的是,若无这些活态遗产桥梁存在,这些城市的生活与生产会混乱成怎样!这些都凸显了活态遗产桥梁的使用价值。

三、经济效益

活态遗产桥梁功能的延续,尤其是在交通运输中的重要作用,促进了当地经济的发展并产生经济效益,这是活态遗产桥梁使用价值的直接体现。

经济效益是指经济活动中劳动耗费和劳动成果的对比,有宏观和微观之分。宏观经济效益是指国民经济的总体效益,微观经济效益则是部门、企业或更小经济单位的经济效益。此处探讨的活态遗产桥梁的经济效益主要是指宏观经济效益,即活态遗产桥梁功能的延续对国民经济所带来的总体效益,有直接和间接之分。

直接经济效益是指国家或企业从事经济活动直接对本身带来的贡献和效益。就活态遗产桥梁而言,直接经济效益主要是指其作为交通运输业的组成部分,通过客货运输带来的国民收入和国内生产总值(GDP)的增加。例如京沪铁路2015年的营业总收入达234.24亿元,净利润为65.81亿元,这一可喜数据的背后也离不开沿线桥梁如南京长江大桥等的贡献。

间接经济效益亦称"波及效益"或"扩波效益",是指一个经济实体所取得的经济效益可导致另一个经济实体经济效益的提高或降低。就活态遗产桥梁而言,间接经济效益主要表现在其交通的便利性缩短了人们出行的距离、提高了时间效率,从而通过节约大量的社会成本为国民经济创造出间接的经济效益。例如南京长江大桥建成之后,极大地缩短了京沪铁路的列车过江时间(由90分钟缩减为2分钟),为国民经济创造了60多亿元的间接经济效益①。

---

① 现代快报.南京长江大桥:新中国的名片[EB/OL].(2009-09-02). http://news.sina.com.cn/c/p/2009-09-02/100418563695.shtml.

第六章　活态遗产桥梁价值评价模型的构建

第一节　活态遗产桥梁价值评价模型的构建方法

一、活态遗产桥梁价值评价模型构建的步骤

为使活态遗产桥梁的价值评价更具可操作性,本章将在对活态遗产桥梁价值内涵研究的基础上运用定量研究方法,构建其价值评价模型,其步骤如图6-1所示。

(1)在活态遗产桥梁价值构成研究的基础上,初步构建价值评价模型。

(2)运用德尔菲法对相关领域的专家进行意见征询,并对征询的结果采用因子分析法进行数据分析,确定活态遗产桥梁价值评价的指标,得到修正后的活态遗产桥梁价值评价模型。

(3)根据活态遗产桥梁价值评价指标在价值评价过程中的重要程度,运用层次分析法和熵权法相结合的综合赋权法进行权重赋予,得到量化的活态遗产桥梁价值评价模型。

二、活态遗产桥梁价值评价指标的确定——因子分析法

在构建活态遗产桥梁的评价模型时,会涉及多个评价指标和评价因子。对于此类多变量问题,常采用多元统计的方法,通过"降维"来进行分析处理。在此类方法中,因子分析是最为常见、应用最多的技术,其基本思想就是在尽量不改变原始变量所包含的信息的基础上,通过提取公共因子,达到减少原始变量的个数、降低变量之间相关性的目的。其基本原理及步骤见图6-2。

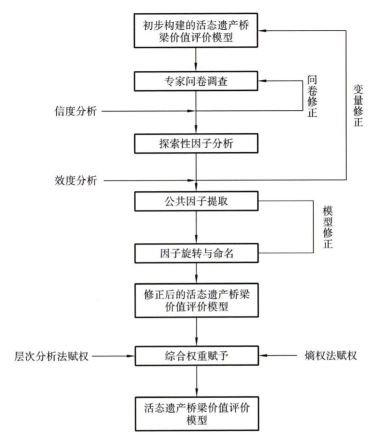

图 6-1　活态遗产桥梁价值评价模型构建方法

（图片来源：作者绘制）

三、活态遗产桥梁价值评价指标的赋权方法

由于活态遗产桥梁价值评价模型的各评价因子、评价指标在价值评价中的重要程度不同，故而需要根据各个评价指标的重要程度赋予相应的权重，以便更加准确地对活态遗产桥梁的价值进行评价。

为较为准确地根据活态遗产桥梁价值评价指标的重要程度进行权重的赋予，并在实际运用中更好地对活态遗产桥梁的价值进行评价，本书采用德

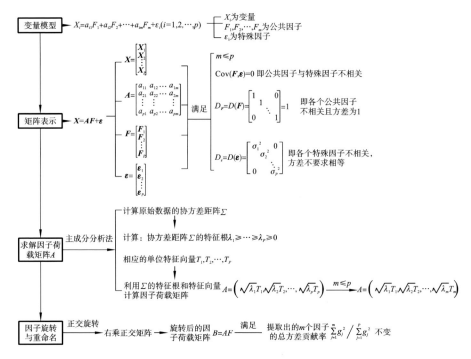

图 6-2　因子分析法的基本原理及步骤

（图片来源：作者绘制）

尔菲法，邀请桥梁工程、工程景观、遗产保护领域的专家学者，进行第二轮意见征询，请他们分别对修正后的活态遗产桥梁价值评价模型的评价指标，根据在活态遗产桥梁价值评价中的重要程度分别进行赋分，分值为0~10。

为避免权重赋予的主观性，本书分别采用层次分析法和熵权法对专家调研的结果计算权重，然后综合两种方法的计算结果，得出活态遗产桥梁价值评价指标的综合权重。

1. 层次分析法

层次分析法的基本原理是将复杂问题中的多个变量层次化，各层次之间互相关联、条理有序，然后按照一定的判断标准对每个层次中的因素进行两两对比（表6-1），根据相对重要程度将其量化并计算权重。

表 6-1　层次分析法构造判断矩阵的比较标度

定　义	说　明	R
同样重要	2个因素比较具有同样重要	1
稍微重要	该因素比另一因素稍微重要	3
明显重要	该因素比另一因素明显重要	5
最为重要	该因素比另一因素重要得多	7
绝对重要	该因素比另一因素绝对重要	9

注：2、4、6、8表示上述相邻判断的中间值。

（资料来源：作者整理）

层次分析法的基本步骤见图6-3。

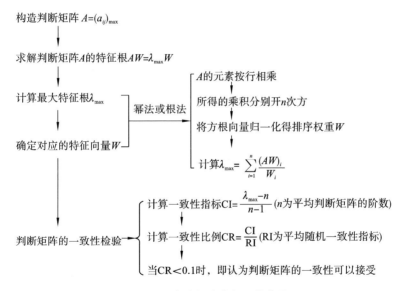

图 6-3　层次分析法求权重的步骤

（图片来源：作者绘制）

其中，RI的数值由表6-2中查取。

表 6-2　平均随机一致性指标

阶数	1	2	3	4	5	6	7	8
RI	0	0	0.58	0.90	1.12	1.24	1.32	1.41

（资料来源：作者整理）

2. 熵权法

熵的概念最早出自物理学,20 世纪 40 年代末被克劳德·艾尔伍德·香农[①]引入信息论中,目前已经在工程技术、社会经济等领域得到了非常广泛的应用。其基本原理是通过计算信息熵 E_j,来判断指标的变异程度,从而计算权重,其基本步骤见图 6-4。

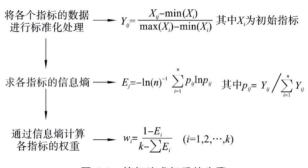

图 6-4　熵权法求权重的步骤

（图片来源:作者绘制）

3. 综合权重确定

本书对活态遗产桥梁价值评价指标赋权的数据来源为德尔菲法的专家打分,为避免主观性,综合层次分析法和熵权法对于各个评价指标权重的计算结果,计算活态遗产桥梁价值评价因子的综合权重,计算公式为:

$$W_i = \frac{\theta_i a_i}{\sum_{i=1}^{n} \theta_i a_i} \qquad (6.1)$$

其中:θ_i 为层次分析法计算的指标权重;

a_i 为熵权法计算的指标权重。

第二节　活态遗产桥梁价值评价指标体系的确定

一、活态遗产桥梁价值评价指标体系的初步确定

根据活态遗产桥梁价值构成的研究结果,从使用价值、社会文化价值、

---

① 美国数学家,被誉为信息论之父。

科技价值、艺术价值和历史价值5大方面初步构建活态遗产桥梁的价值评价模型,每个评价因子下包括3～5个评价指标,共21个(表6-3)。

表6-3 活态遗产桥梁的价值评价指标的初步构建

评价因子	评价指标	说 明
使用价值	生产生活功能	该桥梁最初的或者在历史发展过程中的功能具有延续性,仍在为人们的生产生活服务
	交通区位	该桥梁所在位置具有重要的交通战略地位,是某一地区的交通枢纽,或交通线路的重要节点,或连接城市片区的重要通道
	经济效益	该桥梁能给当地经济的发展带来直接或间接的经济效益
社会文化价值	地标	该桥梁能够作为城市或地区的标志
	文学关联性	该桥梁在文学艺术作品中出现的频率较高,或与该桥梁有关的故事或传说较多
	象征意义	该桥梁能够作为爱情或时代的象征
	名称	该桥梁名称的由来具有文学或社会意义
	社区影响度	该桥梁对当地居民的日常生活、民俗文化或精神文明有较大影响
科技价值	设计创新	该桥梁在设计理念上有所突破,能代表人类的创造天赋
	结构类型	该桥梁是某种新的结构类型的第一例,或是某种结构类型的典型代表,或是某种独特的结构类型
	整体跨度	该桥梁整体跨度位居(或曾经位居)世界前列
	建造材料	该桥梁首次使用某种建造材料,或是保存较少的使用某种建造材料的桥梁,或使用某地区罕见的建造材料
	施工技术	该桥梁使用某种新的施工方法和技术

续表

评价因子	评价指标	说　　明
艺术价值	视觉吸引力	该桥梁的体量、比例、造型、韵律具有视觉吸引力
	环境和谐度	该桥梁能与周边环境保持和谐
	建筑风格	该桥梁或其附属结构的建筑风格具有代表性或艺术价值
	装饰	该桥梁的装饰具有代表性或艺术价值
历史价值	建造时间	该桥梁最初建造(或重建)的时间
	历史相关性	该桥梁与历史事件或历史人物的关联程度
	文献资料完整性	该桥梁规划、设计、施工、维修、保养等文献资料保存是否完整
	保存情况	该桥梁的物质文化遗存及非物质文化遗存的保存是否完整

（资料来源：作者整理）

二、专家问卷调查

为进一步明确活态遗产桥梁的价值评价指标，本书运用德尔菲法，邀请桥梁工程、工程景观、建筑学、历史学、文化学等学科领域的16位专家和100位博士、研究员、工程技术人员参与问卷调查，并对调查结果运用主成分分析法进行探索性因子分析，以便对活态遗产桥梁的价值评价指标体系进行修正。

本次问卷调查采用电子邮件的形式进行，问卷设计采用表6-3的内容，请被调查者根据各评价因子在活态遗产桥梁价值评价中的重要性进行打分，分值为0～10分。

本次调查共发放问卷116份，问卷回收率为100%，且均为有效问卷。

三、信度与效度分析

1. 信度分析

信度分析即为验证问卷调查的可靠性,它与调查结果是否正确无关,只检验问卷调查本身是否可靠。一个好的、可信的测验,应是对同一问题进行反复多次测量,其结果始终是保持不变的。

信度分析采用的主要指标是信度系数,即

$$r_{xx} = \frac{S_r^2}{S_x^2} \tag{6.2}$$

其中:r_{xx} 为信度系数;

S_r 为真变异数;

S_x 为总变异数。

信度系数最理想的情况是 $r=1$,但这是办不到的。通常情况下信度系数的值所代表的意义见表6-4。

表6-4 信度系数的值代表的意义

信 度 系 数	代 表 意 义
0.9以上	该测验或量表的信度甚佳
0.8~0.9	该测验或量表的信度是可以接受的
0.7~0.8	该测验或量表应进行较大修订,但仍不失其价值
低于0.7	该测验或量表需要重新设计

(资料来源:作者整理)

目前最常用的信度分析指标是 α 信度系数,它适用于项目多重积分的测验数据或问卷数据,主要用于检测量表中每一题项所得分值之间的一致性。

通过 SPSS 20.0 软件对本次问卷调查进行信度分析,得出的 α 信度系数为 0.913,可见本次问卷调查的信度甚佳。

2. 效度分析

效度分析是进行因子分析的前提,主要用于检验该方法是否适用于对本书所获取的数据进行分析。目前最常用的方式是进行 KMO(Kaiser-Meyer-Olkin)检验和巴特利球形检验(表6-5)。

表 6-5　效度分析的常见方法

方　法	租　用	数　值	意　义
KMO 检验	比较变量间简单相关系数和偏相关系数	0.9 以上	非常适合做因子分析
		0.8～0.9	很适合做因子分析
		0.7～0.8	适合做因子分析
		0.6～0.7	勉强适合做因子分析
		0.5 以下	不适合应用因子分析法，应考虑重新设计变量结构或采用其他统计分析方法
巴特利球形检验	检验数据的分布及各个变量间的独立情况	Sig.＜0.05（即 p 值＜0.05）	各变量间具有相关性，因子分析有效

(资料来源：作者整理)

通过 SPSS 20.0 软件对本次问卷调查进行效度分析，其结果见表 6-6。

表 6-6　效度分析结果

取样足够的 KMO 度量		0.847
巴特利球形检验	近似卡方	1186.956
	df	210
	Sig.	0.000

(资料来源：SPSS 20.0 软件计算结果)

由此可见，本次测验的 KMO 值为 0.847，Sig. 为 0.000＜0.05，很适合进行因子分析。

四、公共因子提取

通过 SPSS 20.0 软件对本次问卷调查进行因子分析，以特征值大于 1 为标准，采用主成分分析法提取公共因子，各评价指标的变量共同度、方差贡献率分布见表 6-7、表 6-8。

表 6-7　公共因子方差

评价指标	初始	提取
生产生活功能	1.000	0.741
交通区位	1.000	0.679
经济效益	1.000	0.671
地标	1.000	0.631
文学关联性	1.000	0.694
象征意义	1.000	0.743
名称	1.000	0.670
社区影响度	1.000	0.590
设计创新	1.000	0.599
结构类型	1.000	0.684
整体跨度	1.000	0.577
建造材料	1.000	0.593
施工技术	1.000	0.681
视觉吸引力	1.000	0.633
环境和谐度	1.000	0.696
建筑风格	1.000	0.687
装饰	1.000	0.599
建造时间	1.000	0.741
历史相关性	1.000	0.682
文献资料完整性	1.000	0.529
保存情况	1.000	0.543

注：提取方法为主成分分析法。

（资料来源：SPSS 20.0 软件计算结果）

由表 6-7 可见，活态遗产桥梁价值评价指标的 21 个初始变量的共同度均在 52% 以上，这说明其中包含的大部分信息在经过了公共因子提取后均得到了较好的保留。

表 6-8　解释的总方差

成分	初始特征值			提取平方和载入			旋转平方和载入		
	合计	方差的百分比/(%)	累积百分比/(%)	合计	方差的百分比/(%)	累积百分比/(%)	合计	方差的百分比/(%)	累积百分比/(%)
1	7.855	37.406	37.406	7.855	37.406	37.406	3.632	17.293	17.293
2	2.053	9.778	47.184	2.053	9.778	47.184	3.287	15.651	32.944
3	1.474	7.017	54.202	1.474	7.017	54.202	3.041	14.483	47.427
4	1.268	6.040	60.242	1.268	6.040	60.242	2.080	9.906	57.332
5	1.013	4.826	65.068	1.013	4.826	65.068	1.624	7.735	65.068
6	0.880	4.189	69.257	—	—	—	—	—	—
7	0.825	3.927	73.183	—	—	—	—	—	—
8	0.738	3.512	76.696	—	—	—	—	—	—
9	0.681	3.244	79.940	—	—	—	—	—	—
10	0.577	2.748	82.688	—	—	—	—	—	—
11	0.512	2.436	85.124	—	—	—	—	—	—
12	0.467	2.226	87.350	—	—	—	—	—	—
13	0.447	2.127	89.477	—	—	—	—	—	—
14	0.417	1.986	91.463	—	—	—	—	—	—
15	0.365	1.736	93.199	—	—	—	—	—	—
16	0.328	1.563	94.762	—	—	—	—	—	—
17	0.294	1.402	96.164	—	—	—	—	—	—
18	0.256	1.221	97.385	—	—	—	—	—	—
19	0.215	1.023	98.408	—	—	—	—	—	—
20	0.176	0.838	99.247	—	—	—	—	—	—
21	0.158	0.753	100.000	—	—	—	—	—	—

注：提取方法为主成分分析法。

(资料来源：SPSS 20.0 软件计算结果)

由表 6-8 可见，初始特征值大于 1 的成分共有 5 个，故而本次分析提取了对应的 5 个公共因子，这 5 个被提取的因子解释初始变量方差的比率为

65.068%,且与因子旋转前后的方差贡献率一致,说明初始变量的大部分信息均得以保留。

而本次分析的因子碎石图(图 6-5)显示,自第 6 个因子开始,特征值的下滑率由急趋缓,且保持在较小的数值区间,这进一步说明本次分析提取 5 个公共因子是科学和合理的。

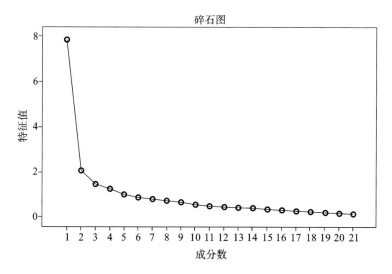

图 6-5 因子碎石图

(图片来源:SPSS 20.0 软件计算结果)

五、因子旋转与命名

本书采用最大方差法进行因子正交旋转,最大收敛性迭代次数为 25。旋转前后的因子成分矩阵分别见表 6-9、表 6-10。

表 6-9 旋转前的成分矩阵

评价指标	成 分				
	1	2	3	4	5
生产生活功能	0.453	−0.067	0.240	0.682	0.089
交通区位	0.603	−0.287	0.250	0.396	0.120
经济效益	0.527	−0.049	0.313	0.401	−0.364

续表

评价指标	成分				
	1	2	3	4	5
地标	0.720	0.051	−0.283	0.091	−0.145
文学关联性	0.657	0.102	−0.410	−0.092	−0.274
象征意义	0.695	−0.136	−0.426	0.087	−0.228
名气	0.681	−0.263	−0.119	−0.199	−0.289
社区影响度	0.648	−0.272	−0.108	0.035	−0.289
设计创新	0.448	0.619	0.105	0.044	−0.047
结构类型	0.524	0.630	−0.080	0.075	0.003
跨度	0.393	0.639	−0.066	0.025	0.096
建造材料	0.625	0.360	0.130	0.065	0.227
施工技术	0.544	0.494	0.255	−0.272	−0.047
视觉吸引力	0.643	−0.264	0.138	−0.277	0.233
环境和谐度	0.655	−0.100	0.388	−0.289	−0.153
建筑风格	0.705	−0.138	0.224	−0.338	0.085
装饰	0.659	−0.235	0.261	−0.193	0.064
建造时间	0.504	−0.140	−0.429	0.005	0.532
历史相关性	0.666	−0.129	−0.394	0.132	0.224
文献资料完整性	0.715	−0.016	−0.076	−0.064	0.092
保存情况	0.627	−0.195	0.252	0.025	0.220

注：提取方法为主成分分析法，已提取 5 个成分。

（资料来源：SPSS 20.0 软件计算结果）

表 6-10　旋转后的成分矩阵

评价指标	成分				
	1	2	3	4	5
生产生活功能	0.059	0.073	0.146	**0.832**	0.138
交通区位	0.376	0.170	0.012	**0.684**	0.201

续表

评价指标	成分				
	1	2	3	4	5
经济效益	0.218	0.330	0.171	**0.642**	−0.271
地标	0.190	**0.636**	0.317	0.205	0.219
文学关联性	0.151	**0.740**	0.321	−0.029	0.141
象征意义	0.152	0.285	0.124	0.173	0.244
名气	0.483	0.357	0.019	0.064	0.025
社区影响度	0.348	**0.634**	−0.002	0.256	0.034
设计创新	0.090	0.107	**0.750**	0.117	−0.054
结构类型	0.028	0.225	**0.783**	0.098	0.102
跨度	−0.005	0.088	**0.743**	0.015	0.129
建造材料	0.316	0.077	**0.607**	0.252	0.236
施工技术	0.430	0.096	**0.687**	−0.038	−0.118
视觉吸引力	**0.708**	0.187	0.050	0.084	0.295
环境和谐度	**0.743**	0.244	0.197	0.142	−0.162
建筑风格	**0.759**	0.236	0.187	0.064	0.126
装饰	**0.702**	0.218	0.081	0.201	0.105
建造时间	0.193	0.243	0.086	0.041	**0.797**
历史相关性	0.190	0.487	0.147	0.213	**0.585**
文献资料完整性	0.429	0.388	0.282	0.163	0.296
保存情况	0.573	0.108	0.112	0.364	**0.640**

注：提取方法为主成分分析法。旋转法为具有 Kaiser 标准化的正交旋转法，旋转在 6 次迭代后收敛。

（资料来源：SPSS 20.0 软件计算结果）

从表 6-9 和表 6-10 的对比可以看出，经过旋转之后各因子的荷载系数发生了明显变化,按其相关性进行归类并根据其共性特征重新命名,结果见表 6-11。

表 6-11　公共因子提取与重命名

公共因子提取	指　　标	重命名
①	视觉吸引力、环境和谐度、建筑风格、装饰	景观价值
②	地标、文学关联性、社区影响度	社会文化价值
③	设计创新、结构类型、跨度、建造材料、施工技术	科技价值
④	生产生活功能、交通区位、经济效益	使用价值
⑤	建造时间、历史相关性、保存情况	历史价值

(资料来源:作者整理)

六、活态遗产桥梁价值评价指标体系修正

通过因子分析法对初步构建的评价指标进行修正后,得到的活态遗产桥梁价值评价指标体系见图 6-6。

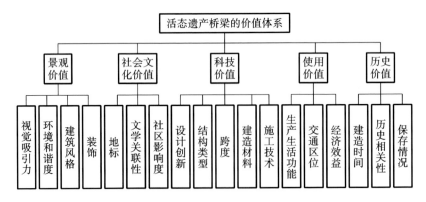

图 6-6　修正后的活态遗产桥梁价值评价指标体系

(资料来源:作者绘制)

修正后的活态遗产桥梁价值评价指标体系共有 5 大评价因子、18 个评价指标,具体见表 6-12。

表 6-12　修正后的活态遗产桥梁价值评价指标

目标层	评价因子	评价指标
Z 活态遗产桥梁价值评价	A_1 景观价值	B_1 视觉吸引力 B_2 环境和谐度 B_3 建筑风格 B_4 装饰
	A_2 社会文化价值	B_5 地标 B_6 文学关联性 B_7 社区影响度
	A_3 科技价值	B_8 设计创新 B_9 结构类型 B_{10} 跨度 B_{11} 建造材料 B_{12} 施工技术
	A_4 使用价值	B_{13} 生产生活功能 B_{14} 交通区位 B_{15} 经济效益
	A_5 历史价值	B_{16} 建造时间 B_{17} 历史相关性 B_{18} 保存情况

（资料来源：作者整理）

第三节　活态遗产桥梁价值评价指标的赋权

一、层次分析法赋权结果

根据 8 位专家的问卷调查结果，将其对活态遗产桥梁价值评价指标两两对比的结果取平均值，得到如下判断矩阵。

A-Z：

$$\begin{bmatrix} 1 & 0.92 & 0.88 & 0.86 & 0.9 \\ 1.09 & 1 & 0.96 & 0.93 & 0.98 \\ 1.13 & 1.04 & 1 & 0.96 & 1 \\ 1.16 & 1.08 & 1.04 & 1 & 1.03 \\ 1.11 & 1.02 & 1 & 0.97 & 1 \end{bmatrix}$$

解得 A_1 至 A_5 的权重分别为 0.18、0.20、0.20、0.21、0.21。一致性检验 CI=0，RI=1.12，CR=0＜0.1，通过检验。

B-A_1：

$$\begin{bmatrix} 1 & 0.96 & 1.01 & 1.35 \\ 1.04 & 1 & 1.02 & 1.37 \\ 0.99 & 0.98 & 1 & 1.3 \\ 0.74 & 0.73 & 0.77 & 1 \end{bmatrix}$$

解得 B_1 至 B_4 的权重分别为 0.27、0.27、0.26、0.2。一致性检验 CI=0.01，RI=0.90，CR=0.01＜0.1，通过检验。

B-A_2：

$$\begin{bmatrix} 1 & 1.15 & 1.18 \\ 0.87 & 1 & 1.02 \\ 0.85 & 0.98 & 1 \end{bmatrix}$$

解得 B_5 至 B_9 的权重分别为 0.37、0.32、0.31。一致性检验 CI=0，RI=1.12，CR=0＜0.1，通过检验。

B-A_3：

$$\begin{bmatrix} 1 & 1.05 & 1.3 & 1.14 & 1.22 \\ 0.95 & 1 & 1.2 & 1.04 & 1.11 \\ 0.77 & 0.83 & 1 & 0.8 & 0.85 \\ 0.88 & 0.96 & 1.25 & 1 & 1.03 \\ 0.82 & 0.9 & 1.18 & 0.97 & 1 \end{bmatrix}$$

解得 B_{10} 至 B_{14} 的权重分别为 0.23、0.21、0.17、0.2、0.19。一致性检验 CI=0.01，RI=1.12，CR=0.02＜0.1，通过检验。

$B\text{-}A_4$：

$$\begin{bmatrix} 1 & 0.97 & 1.16 \\ 1.03 & 1 & 1.22 \\ 0.86 & 0.82 & 1 \end{bmatrix}$$

解得 B_{15} 至 B_{17} 的权重分别为 0.35、0.35、0.3。一致性检验 CI＝0,RI＝0.58,CR＝0＜0.1,通过检验。

$B\text{-}A_5$：

$$\begin{bmatrix} 1 & 1.12 & 0.99 \\ 0.89 & 1 & 0.92 \\ 1.01 & 1.09 & 1 \end{bmatrix}$$

解得 B_{18} 至 B_{20} 的权重分别为 0.34、0.31、0.35。一致性检验 CI＝0,RI＝0.58,CR＝0＜0.1,通过检验。

综合以上结果,通过层次分析法计算得到的活态遗产桥梁价值评价模型各评价因子的权重见表 6-13。

表 6-13　层次分析法计算的活态遗产桥梁价值评价指标权重

评价指标	权重	评价因子	分权重	总权重
A_1 景观价值	0.18	B_1 视觉吸引力	0.27	0.05
		B_2 环境和谐度	0.27	0.05
		B_3 建筑风格	0.26	0.05
		B_4 装饰	0.2	0.04
A_2 社会文化价值	0.2	B_5 地标	0.37	0.07
		B_6 文学关联性	0.32	0.06
		B_7 社区影响度	0.31	0.06
A_3 科技价值	0.2	B_8 设计创新	0.23	0.05
		B_9 结构类型	0.21	0.04
		B_{10} 跨度	0.17	0.03
		B_{11} 建造材料	0.2	0.04
		B_{12} 施工技术	0.19	0.04

续表

评价指标	权重	评价因子	分权重	总权重
A₄ 使用价值	0.21	B₁₃ 生产生活功能	0.35	0.07
		B₁₄ 交通区位	0.35	0.08
		B₁₅ 经济效益	0.3	0.06
A₅ 历史价值	0.21	B₁₆ 建造时间	0.34	0.07
		B₁₇ 历史相关性	0.31	0.07
		B₁₈ 保存情况	0.35	0.07

(资料来源:作者整理)

二、熵权法赋权结果

根据8位专家对活态遗产桥梁价值评价因子的赋分情况,得到表6-14。

表6-14 活态遗产桥梁价值评价指标专家评分

B_1	B_2	B_3	B_4	B_5	B_6	B_7	B_8	B_9	B_{10}	B_{11}	B_{12}	B_{13}	B_{14}	B_{15}	B_{16}	B_{17}	B_{18}
8	9	9	6	9	6	7	8	9	7	7	8	8	8	7	7	8	7
7	9	5	6	10	8	8	8	7	5	5	8	9	7	5	8	8	9
8	6	7	5	8	6	10	9	8	7	8	9	7	8	7	8	7	8
6	6	7	6	10	8	6	10	8	9	10	8	10	9	5	10	9	9
10	8	8	6	9	8	7	9	7	7	6	8	10	10	8	10	10	8
8	9	7	5	7	8	8	5	7	6	7	7	7	7	8	7	8	7
6	6	6	4	6	6	6	7	6	6	8	7	6	10	7	7	8	7
5	6	7	4	6	5	5	8	3	7	6	9	7	8	5	4	3	5

(资料来源:专家问卷调查结果)

对各个指标的原始数据进行标准化处理,得到表6-15。

表6-15 数据标准化处理

B_1	B_2	B_3	B_4	B_5	B_6	B_7	B_8	B_9	B_{10}	B_{11}	B_{12}	B_{13}	B_{14}	B_{15}	B_{16}	B_{17}	B_{18}
0.67	1.00	1.00	0.00	1.00	0.00	0.33	0.67	1.00	0.33	0.33	0.67	0.67	0.33	0.33	0.67	0.33	
0.40	0.80	0.00	0.20	1.00	0.60	0.60	0.60	0.40	0.00	0.00	0.60	0.80	0.40	0.00	0.60	0.60	0.80

续表

B_1	B_2	B_3	B_4	B_5	B_6	B_7	B_8	B_9	B_{10}	B_{11}	B_{12}	B_{13}	B_{14}	B_{15}	B_{16}	B_{17}	B_{18}
0.60	0.20	0.40	0.00	0.60	0.20	0.20	1.00	0.80	0.60	0.40	0.20	0.40	0.60	0.40	0.60	0.40	0.60
0.20	0.20	0.40	0.20	1.00	0.60	0.20	1.00	0.60	0.80	1.00	0.60	1.00	0.80	0.00	1.00	0.80	0.80
1.00	0.50	0.50	0.00	0.50	0.75	0.50	0.25	0.50	0.75	0.25	0.00	0.50	1.00	1.00	1.00	0.50	0.50
0.75	1.00	0.50	0.00	0.75	0.75	0.50	0.75	0.75	0.00	0.75	0.00	0.75	0.00	0.75	0.00	0.75	0.50
0.33	0.33	0.33	0.00	0.33	0.33	0.33	1.00	1.00	0.33	0.67	0.33	1.00	1.00	0.50	0.50	0.50	0.50
0.40	0.60	0.80	0.20	0.60	0.40	0.40	0.80	1.00	0.00	0.80	0.60	0.60	0.80	0.40	0.20	0.00	0.40

(资料来源:作者整理)

通过信息熵求得各评价因子的权重见表 6-16。

表 6-16 熵权法求得的评价指标权重

B_1	B_2	B_3	B_4	B_5	B_6	B_7	B_8	B_9	B_{10}	B_{11}	B_{12}	B_{13}	B_{14}	B_{15}	B_{16}	B_{17}	B_{18}
0.06	0.05	0.04	0.04	0.05	0.05	0.04	0.03	0.05	0.15	0.05	0.03	0.04	0.03	0.08	0.09	0.10	0.04

(资料来源:作者整理)

三、综合权重

综合层次分析法和熵权法的赋权结果,得到活态遗产桥梁价值评价指标的综合权重(表 6-17)。

表 6-17 活态遗产桥梁价值评价指标的综合权重

评价指标	评价因子	层次分析法赋权 θ_i	熵权法赋权 a_i	综合权重 W_i
A_1 景观价值	B_1 视觉吸引力	0.05	0.06	0.06
	B_2 环境和谐度	0.05	0.05	0.05
	B_3 建筑风格	0.05	0.04	0.04
	B_4 装饰	0.04	0.04	0.03
A_2 社会文化价值	B_5 地标	0.07	0.05	0.06
	B_6 文学关联性	0.06	0.05	0.06
	B_7 社区影响度	0.06	0.04	0.04

续表

评价指标	评价因子	层次分析法赋权 θ_i	熵权法赋权 a_i	综合权重 W_i
A_3 科技价值	B_8 设计创新	0.05	0.03	0.03
	B_9 结构类型	0.04	0.05	0.04
	B_{10} 跨度	0.03	0.15	0.08
	B_{11} 建造材料	0.04	0.05	0.04
	B_{12} 施工技术	0.04	0.03	0.02
A_4 使用价值	B_{13} 生产生活功能	0.07	0.04	0.05
	B_{14} 交通区位	0.08	0.03	0.04
	B_{15} 经济效益	0.06	0.08	0.09
A_5 历史价值	B_{16} 建造时间	0.07	0.09	0.12
	B_{17} 历史相关性	0.07	0.10	0.11
	B_{18} 保存情况	0.07	0.04	0.05

(资料来源:作者整理)

本章在活态遗产桥梁价值内涵分析的基础上,初步构建活态遗产桥梁价值评价模型,并采用因子分析法对该评价模型进行修正。在修正的过程中,运用德尔菲法邀请桥梁工程、工程景观、建筑学、历史学、文化学等学科领域的 16 位专家和 100 位博士、研究员、工程技术人员参与电子邮件形式的问卷调查,并对收集的数据运用 SPSS 20.0 统计分析软件进行处理和分析,最终得到由 5 大评价因子、18 个评价指标构成的活态遗产桥梁价值评价模型。

对于活态遗产桥梁价值评价模型的 18 个评价指标,采用德尔菲法,通过征询专家对活态遗产桥梁价值评价指标在其价值评价中的重要程度的意见,将层次分析法的主观赋权和熵权法的客观赋权相结合,对活态遗产桥梁价值评价模型的每个评价指标赋予相应的权重,从而将活态遗产桥梁的价值评价模型量化,以便更好地应用于实践之中。

第七章　活态遗产桥梁价值评价模型的验证

第一节　活态遗产桥梁价值评价模型验证方法

一、活态遗产桥梁价值评价模型的应用——加权评分法

本书构建了活态遗产桥梁价值评价模型,并根据各个评价指标的重要程度确定了相应的权重,将其运用到活态遗产桥梁价值评价的实践中时,采用的是加权评分法,其计算公式为:

$$D = \sum_{i=1}^{n} d_i W_i \tag{7.1}$$

其中:d_i 为活态遗产桥梁各评价指标的得分;

W_i 为各评价指标的权重。

在实际应用中,由第三方评价机构——各学术机构、研究人员组成的专家委员会,对活态遗产桥梁价值评价的 18 个评价指标分别赋分,分值为 0~10 分,然后将每个评价指标的得分乘以该指标的权重,得到活态遗产桥梁价值评价的总得分。

二、活态遗产桥梁价值评价模型的验证——模糊综合评价法

为验证活态遗产桥梁价值评价模型的科学性和准确性,考虑到价值评价中存在许多不确定性的因素,且这些不确定因素具有模糊性,故而采用模糊数学理论进行综合评价是比较理想的,其主要步骤如下文所示。

1. 建立因素集 $U = \{u_1, u_2, \cdots, u_n\}$ 与决断集 $V = \{v_1, v_2, \cdots, v_m\}$

因素集就是活态遗产桥梁价值的评价指标,决断集一般采用里克特量表,可采用五级或七级量表建立决断集。为与加权评分法的评价结果进行

对比,本书采用 10 级量表构成决断集。

2. 建立模糊综合评判矩阵

对于每一个因素 u_i 建立单因素评判集 $(r_{i1}, r_{i2}, \cdots, r_{im})$,即 r_{ij} ($0 \leqslant r_{ij} \leqslant 1$),表示 v_j 对因素 u_i 所作的评判,从而得到单因素评判矩阵 $\mathbf{R} = (r_{ij}) n \times m$。

单因素评判矩阵 $\mathbf{R}$ 的数据来源一般采用问卷调查法,请被调查者对活态遗产桥梁价值的各个评价指标采用 10 级量表的形式进行评分,由评价结果构成判断矩阵 $\mathbf{R}$。

3. 综合评判

根据各因素权重 $W = (w_1, w_2, \cdots, w_n)$ 采用加权平均法进行综合评判,其公式为:

$$b_j = \sum (a_i \cdot r_{ij}) \quad (j = 1, 2, \cdots, m) \tag{7.2}$$

最后根据最大隶属原则判断活态遗产桥梁的价值。

为与加权评分法的专家赋分进行对比,本书采用模糊综合评价法时,将对社会公众进行问卷调查来获取活态遗产桥梁价值评价的得分,并将两种方法的评价结果进行比对,从而验证本书构建的活态遗产桥梁价值评价模型的科学性和准确性。

第二节　武汉长江大桥价值评价的验证分析

武汉长江大桥(图 7-1)是典型的中度活态遗产桥梁,其基本情况见表 7-1。

图 7-1　武汉长江大桥

(资料来源:作者摄影)

表 7-1 武汉长江大桥基本情况一览表

指标	基 本 情 况
地理位置	湖北省武汉市武昌区蛇山和汉阳区龟山之间的长江江面上
建造时间	1955 年 9 月动工,1957 年 10 月 15 日正式通车
长度	全长约 1670 m,其中正桥长 1156 m,西北岸引桥长 303 m,东南岸引桥长 211 m
结构类型	钢桁架三孔连续梁
跨度	桥身共有 8 墩 9 孔,每孔跨度为 128 m
主要材料	钢筋混凝土、钢材
功能	公铁两用桥,上层为公路桥,下层为双线铁路桥
设计建造	总设计师:茅以升 设计单位:铁道部勘测设计院 建设单位:武汉大桥工程局(今中铁大桥局集团有限公司) 技术指导:苏联桥梁专家、苏联科学院院士康斯坦丁·谢尔盖耶维奇·西林等人组成的 28 人专家组
历史地位	新中国在长江上修建的第一座公铁两用桥,被誉为"万里长江第一桥"
遗产保护	2013 年 5 月,入选第七批全国重点文物保护单位 2016 年 9 月,入选"首批中国 20 世纪建筑遗产"名录 2018 年 1 月,入选中国第一批工业遗产保护名录

(资料来源:作者整理)

一、武汉长江大桥价值的定性评价

为明确武汉长江大桥的价值内涵,首先采用本书构建的活态遗产桥梁价值评价模型的 5 大评价因子、18 个评价指标,对该桥的价值进行定性分析。

1. A_1 景观价值

B_1 视觉吸引力:大桥建成已有 60 余年,仍巍然屹立于武昌和汉阳龟山之间的江面上,站在公路桥桥面举目眺望,整个武汉三镇连成一体并尽收眼底,桥面每隔 32 m 矗立一对灯柱并兼作无轨电车供电线路的支架,晚间亮起的桥灯为江面增添了璀璨的夜景(图 7-2)。

图 7-2　武汉长江大桥夜景

(资料来源:作者摄影)

B_2 环境和谐度:武汉长江大桥利用两岸的自然山体作为桥梁引线,既缩短了大桥长度,又实现了与"龟蛇锁大江"自然环境的完美融合,同时将蛇山之畔的黄鹤楼、长春观、辛亥革命纪念馆(红楼)和龟山脚下的晴川阁、古琴台、归元寺等人文胜迹连成一片,自然环境与人文底蕴相得益彰。

B_3 建筑风格:武汉长江大桥是由中苏两国专家共同设计和建造的,建筑风格融汇了中国与西方、传统与现代的艺术风格,整座大桥以厚实的苏式风格为主,正桥两端高 35 m 的桥头堡则是中国传统建筑风格(图 7-3)。

B_4 装饰:大桥正桥两侧的铸铁栏杆上的镂雕图案(图 7-4)题材或来自神话传说,或寓意吉祥如意,并将剪纸、窗花等传统艺术形式融入其中,极大地提升了武汉长江大桥的艺术价值。

2. A_2 社会文化价值

B_5 地标:大桥自建成起就成为武汉城市形象的标志和象征,并在 2011 年由市民和网友投票选出的"武汉城市地标"中排名第二(第一为黄鹤楼)。

图 7-3　武汉长江大桥桥头堡

（资料来源：作者摄影）

图 7-4　武汉长江大桥栏杆装饰

（资料来源：作者摄影）

B_6 文学关联性：武汉长江大桥在文学艺术作品中多次出现，包括诗歌、散文、小说、邮票、明信片、人民币、像章等（表 7-2）。

表 7-2　与武汉长江大桥相关的部分文学艺术作品

类型	作　　品	影　　像
诗歌	一桥飞架南北，天堑变通途（毛泽东《水调歌头·游泳》）	—
邮票	1957 年国庆节，中华人民共和国邮电部发行全套 2 枚《武汉长江大桥》纪念邮票	

续表

类型	作品	影像
明信片	1957年,长江文艺出版社发行一套共10张"万里长江第一桥"明信片	
人民币	1964年,中国人民银行发行的第三套人民币纸币贰角的正面	
像章	1957年,铁道部大桥工程局、武汉大桥工程局、铁道部勘测设计院联合发行一套武汉长江大桥建成铜质纪念章	

(资料来源:作者整理)

B_7 社区影响度:大桥不仅给武汉民众的出行和生活方式带来巨大的影响,也给那个年代的武汉人民烙下了深刻的时代印记。据统计,武汉市户籍人口中名字带"桥"字的有28298人,其中共有22782人是在1957年10以后出生,占到总数的80.5%;当年武汉生产的许多商品也以"大桥"作为商标,如大桥香烟、大桥味精、大桥牙刷等。

3. A_3 科技价值

B_8 设计创新:武汉长江大桥选址于江面狭窄的龟蛇两山之间,山势余脉延伸至江底,其上屹立着大桥正桥8个桥墩中的7个(7号墩除外),由于利用了两岸的山势,既缩短了大桥的长度,又使得桥下的净空较高,在最高洪水位时,桥下净高为 18 m,可满足大型轮船的通航要求。

B_9 结构类型:武汉长江大桥桥身现为三联连续梁桥,但在设计过程中,茅以升与梅旸春两位原钱塘江大桥的设计建造者提出主跨为 3 孔 280 m 的拱式伸臂梁桥的方案(图 7-5),既为当时先进的桥梁结构类型,同时造型也更加美丽。遗憾的是在当时的历史背景下,"一边倒"地采用了苏联专家提出的 9 孔 128 m 钢桁架梁桥的方案。

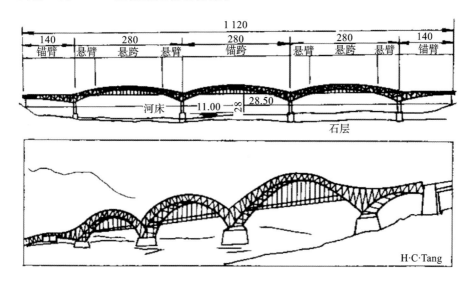

图 7-5　武汉长江大桥设计方案

(图片来源:唐寰澄著《人间万古彩虹飞——世界桥梁趣谈》)

B_{10} 跨度:武汉长江大桥每孔的跨度为 128 m,如按照上述 3 孔 280 m 的方案建造,在当时是居世界领先地位的。因为当时和之后世界上不少的大跨度桁架桥梁都是建造成拱形曲线的连续桥,如 1959 年新西兰建造的奥克兰港桥、1962 年建造的巴拿马运河桥、1972 年日本建造的境水道桥及大阪港大桥等。特别是港大桥,其方案设计比武汉长江大桥晚了 22 年,只是桥跨由 280 m 增加到 510 m[①]。

B_{11} 建造材料:大桥的主要建造材料是钢材、钢筋混凝土,设计使用寿命

---

① 唐寰澄.人间万古彩虹飞——世界桥梁趣谈[M].北京:中国铁道出版社,2000:36.

为 100 年。

B_{12} 施工技术：大桥桥墩（7 号墩除外）使用的"大型管柱钻孔法"是我国首创，在当时全球领先的施工方法，使大桥的建设时间缩短了整整 2 年。

4. A_4 使用价值

B_{13} 生产生活功能：武汉长江大桥至今仍在发挥着重要的交通功能，铁路桥平均每 5 分钟通过一列火车，日均约 300 列火车通过；公路桥平均每分钟有 70 辆汽车通过，日均往来汽车达到 10 万多辆。

B_{14} 交通区位：武汉长江大桥的交通地位十分重要，上层公路桥连接 G107 国道和武汉三镇，下层铁路桥是京广铁路在武汉跨越长江的唯一通道。

B_{15} 经济效益：武汉长江大桥将京广铁路一线贯穿，从而使长江南北的铁路运输得以通畅，大桥通车仅 5 年，运输量就达 8000 多万吨，缩短火车运输时间约 2400 万小时，节约的货运费用超过了整个工程造价；公路桥的过桥车流量 60 年中逐年增长，创造出的直接和间接经济效益难以计数。

5. A_5 历史价值

B_{16} 建造时间：年仅 60 余岁的武汉长江大桥，是目前最年轻的全国重点文物保护单位。

B_{17} 历史相关性：武汉长江大桥与诸多历史名人、历史事件均有关联性（表 7-3），这方面具有较高的价值。

表 7-3　武汉长江大桥与部分历史名人、历史事件的关联性

历史人物/事件	与武汉长江大桥的关联性
张之洞	任湖广总督期间，提出在武汉建第一座长江大桥的设想
詹天佑	1913 年进行粤汉铁路复勘定线时，因考虑其与京汉铁路的跨江接轨，在规划武昌火车站（通湘门车站）时预留接轨岔的位置，这即为武汉长江大桥的第一次实际规划
孙中山	1919 年，在《实业计划》（也称《建国方略》）中明确提出"于汉水口以桥或隧道，联络武昌、汉口、汉阳三城为一市"
中国人民政治协商会议第一届全体会议	1949 年 9 月，通过建造长江大桥的议案

续表

历史人物/事件	与武汉长江大桥的关联性
毛泽东	1956年6月,从长沙到武汉并第一次游泳横渡长江,即兴写下《水调歌头·游泳》一词,其中"一桥飞架南北,天堑变通途"一句正是描绘当时已初见轮廓的武汉长江大桥的
	1957年9月,毛泽东第三次到武汉长江大桥工地视察,从汉阳桥头步行到武昌桥头

(资料来源:作者整理)

B_{18}保存情况:在设计武汉长江大桥时,以保证该桥在极端环境中仍有足够的承受能力为标准,故而建成60多年来,虽历经7次较大洪水、77次轮船撞击考验,特别是2011年一艘万吨级油轮迎面撞上7号桥墩,2015年一艘起重船突然失控发生偏转,与5号桥墩发生擦撞等几次较为严重的撞击,但最近一次的体检报告显示:大桥的保存情况良好,正桥的稳定性依旧,安全未受到影响。

二、基于模糊综合评价法的武汉长江大桥价值评价

为更加准确地评价武汉长江大桥的价值,并验证本书构建的价值评价模型,本小节运用模糊综合评价法对武汉长江大桥的价值进行定量评价。

1. 问卷调查

本次问卷调查主要针对武汉市民、在汉高校就读的学生和外地游客,共在武汉长江大桥、黄鹤楼公园、红楼、古琴台、归元寺等地发放问卷220份,回收问卷210份,其中有效问卷207份,有效率为98.6%。

本次调查的问卷分为两大部分:第一部分为武汉长江大桥的价值评价,采用活态遗产桥梁价值评价模型的18个评价指标,测量方式为10级量表,请被调查者根据个人认知分别对武汉长江大桥的18个价值评价指标进行赋分,分值为1~10分;第二部分为被调查者的个人信息,包括性别、年龄和常住地等。

对207份有效问卷进行数据分析,结果显示:被调查者中男性为92人,占44.44%,女性为115人,占55.56%(图7-6);武汉市本地居民137人,占

66.18%，在武汉高校就读的学生42人，占20.29%，外地游客28人，占13.53%（图7-7）；18岁以下10人，占4.83%，18~25岁39人，占18.84%，26~35岁87人，占42.03%，36~45岁48人，占23.19%，46~60岁14人，占6.76%，60岁以上9人，占4.35%（图7-8）。

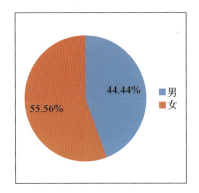

图7-6 武汉长江大桥被调查者性别比例

（资料来源：作者绘制）

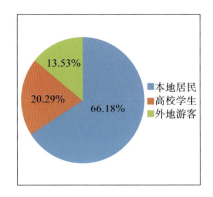

图7-7 武汉长江大桥被调查者居住地情况

（资料来源：作者绘制）

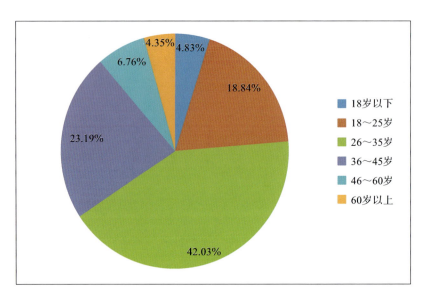

图7-8 武汉长江大桥被调查者年龄分布情况

（资料来源：作者绘制）

通过 SPSS 20.0 软件对本次问卷调查进行信度分析,得出的 α 信度系数为 0.902,表明本次问卷调查的信度甚佳。

2. 调查结果及分析

本次调查的决断集为 $V = \{1,2,3,4,5,6,7,8,9,10\}$,问卷调查结果见表 7-4。

表 7-4　武汉长江大桥价值评价问卷调查结果

评价指标		问卷调查结果									
		1	2	3	4	5	6	7	8	9	10
A_1	B_1	0	0	1.45	1.45	6.28	7.73	14.01	26.09	17.87	25.12
	B_2	0	0	2.9	0.97	6.76	12.08	20.29	24.15	16.43	16.43
	B_3	0	0	0.48	1.45	4.83	7.25	17.87	25.6	20.77	21.74
	B_4	0	0	1.45	1.93	7.25	11.11	16.43	26.09	18.36	17.39
A_2	B_5	0	0	0.97	3.86	3.86	10.63	13.53	23.67	19.81	23.67
	B_6	0.48	0.97	3.86	3.86	13.04	12.56	15.46	20.29	19.32	10.14
	B_7	0	0.97	0.48	2.42	6.76	5.8	20.29	21.26	18.84	23.19
A_3	B_8	0	0	1.45	0.97	7.73	8.21	18.84	23.67	18.84	20.29
	B_9	0	0.48	0.48	1.93	3.38	9.18	24.64	28.02	14.98	16.91
	B_{10}	0	0.48	0.97	1.45	4.83	7.73	15.94	31.88	17.39	19.32
	B_{11}	0	0	0.97	1.93	4.35	11.59	22.22	23.67	22.71	12.56
	B_{12}	0	0	0.97	3.38	4.35	6.76	17.39	29.95	19.81	17.39
A_4	B_{13}	0	0.48	0.48	0.97	1.93	9.66	18.36	26.57	19.32	22.22
	B_{14}	0	0	0	2.42	5.31	10.14	18.36	24.15	14.49	25.12
	B_{15}	0	0	0.97	0.48	1.45	6.28	13.53	25.12	23.19	28.99
A_5	B_{16}	0	0	0	0.97	2.42	6.28	13.04	19.32	39.13	18.84
	B_{17}	0	0.97	1.45	2.9	12.56	12.08	16.91	17.87	18.36	16.91
	B_{18}	0	0	0.97	1.93	8.21	15.94	19.32	26.57	14.49	12.56

(资料来源:作者整理)

在此问卷调查结果的基础上建立模糊综合评判矩阵,并进行加权计算,结果如下:

$$R_{A_1} = \begin{bmatrix} 0 & 0 & 1.45 & 1.45 & 6.28 & 7.73 & 14.01 & 26.09 & 17.87 & 25.12 \\ 0 & 0 & 2.9 & 0.97 & 6.76 & 12.08 & 20.29 & 24.15 & 16.43 & 16.43 \\ 0 & 0 & 0.48 & 1.45 & 4.83 & 7.25 & 17.87 & 25.6 & 20.77 & 21.74 \\ 0 & 0 & 1.45 & 1.93 & 7.25 & 11.11 & 16.43 & 26.09 & 18.36 & 17.39 \end{bmatrix}$$

$$A_{A_1} = \{0.27 \quad 0.27 \quad 0.26 \quad 0.2\}$$

$$B_{A_1} = \{0 \quad 0 \quad 1.59 \quad 1.42 \quad 6.23 \quad 9.46 \quad 17.19 \quad \mathbf{25.44} \quad 18.33 \quad 20.35\}$$

根据最大隶属原则,该桥的景观价值得分为 8 分。

$$R_{A_2} = \begin{bmatrix} 0 & 0 & 0.97 & 3.86 & 3.86 & 10.63 & 13.53 & 23.67 & 19.81 & 23.67 \\ 0.48 & 0.97 & 3.86 & 3.86 & 13.04 & 12.56 & 15.46 & 20.29 & 19.32 & 10.14 \\ 0 & 0.97 & 0.48 & 2.42 & 6.76 & 5.8 & 20.29 & 21.26 & 18.84 & 23.19 \end{bmatrix}$$

$$A_{A_2} = \{0.37 \quad 0.32 \quad 0.31\}$$

$$B_{A_2} = \{0.15 \quad 0.61 \quad 1.74 \quad 3.41 \quad 7.7 \quad 9.75 \quad 16.24 \quad \mathbf{21.84} \quad 19.35 \quad 19.19\}$$

根据最大隶属原则,该桥的社会文化价值得分为 8 分。

$$R_{A_3} = \begin{bmatrix} 0 & 0 & 1.45 & 0.97 & 7.73 & 8.21 & 18.84 & 23.67 & 18.84 & 20.29 \\ 0 & 0.48 & 0.48 & 1.93 & 3.38 & 9.18 & 24.64 & 28.02 & 14.98 & 16.91 \\ 0 & 0.48 & 0.97 & 1.45 & 4.83 & 7.73 & 15.94 & 31.88 & 17.39 & 19.32 \\ 0 & 0 & 0.97 & 1.93 & 4.35 & 11.59 & 22.22 & 23.67 & 22.71 & 12.56 \\ 0 & 0 & 0.97 & 3.38 & 4.35 & 6.76 & 17.39 & 29.95 & 19.81 & 17.39 \end{bmatrix}$$

$$A_{A_3} = \{0.23 \quad 0.21 \quad 0.17 \quad 0.2 \quad 0.19\}$$

$$B_{A_3} = \{0 \quad 0.18 \quad 0.98 \quad 1.9 \quad 5.01 \quad 8.73 \quad 19.97 \quad \mathbf{27.17} \quad 18.74 \quad 17.32\}$$

根据最大隶属原则,该桥的科技价值得分为 8 分。

$$R_{A_4} = \begin{bmatrix} 0 & 0.48 & 0.48 & 0.97 & 1.93 & 9.66 & 18.36 & 26.57 & 19.32 & 22.22 \\ 0 & 0 & 0 & 2.42 & 5.31 & 10.14 & 18.36 & 24.15 & 14.49 & 25.12 \\ 0 & 0 & 0.97 & 0.48 & 1.45 & 6.28 & 13.53 & 25.12 & 23.19 & 28.99 \end{bmatrix}$$

$$A_{A_4} = \{0.35 \quad 0.35 \quad 0.3\}$$

$$B_{A_4} = \{0 \quad 0.17 \quad 0.46 \quad 1.33 \quad 2.97 \quad 8.81 \quad 16.91 \quad \mathbf{25.29} \quad 18.79 \quad 25.27\}$$

根据最大隶属原则,该桥的使用价值得分为 8 分。

$$R_{A_5} = \begin{bmatrix} 0 & 0 & 0 & 0.97 & 2.42 & 6.28 & 13.04 & 19.32 & 39.13 & 18.84 \\ 0 & 0.97 & 1.45 & 2.9 & 12.56 & 12.08 & 16.91 & 17.87 & 18.36 & 16.91 \\ 0 & 0 & 0.97 & 1.93 & 8.21 & 15.94 & 19.32 & 26.57 & 14.49 & 12.56 \end{bmatrix}$$

$$A_{A_5} = \{0.35 \quad 0.35 \quad 0.3\}$$
$$B_{A_5} = \{0 \quad 0.34 \quad 0.8 \quad 1.93 \quad 7.71 \quad 11.21 \quad 16.28 \quad 20.99 \quad \mathbf{24.47} \quad 16.28\}$$

根据最大隶属原则,该桥的历史价值得分为 9 分。

综上所述,根据模糊综合评价法,武汉长江大桥的价值评价结果见表7-5。

表 7-5 基于模糊综合评价法的武汉长江大桥价值评价结果

评 价 指 标	得分
景观价值	8
社会文化价值	8
科技价值	8
使用价值	8
历史价值	9

(资料来源:作者整理)

根据加权平均法,计算武汉长江大桥价值评价的总得分为 8.12 分。

三、基于加权平均法的武汉长江大桥价值评价

为了验证本书提出的活态遗产桥梁价值评价模型的准确性,再次邀请桥梁工程、工程景观、遗产保护领域的 8 位专家,进行第三轮意见征询,请专家分别对武汉长江大桥的价值评价指标进行打分,然后对各评价指标的平均得分采用加权评分法计算武汉长江大桥价值评价的总得分(表7-6)。

表 7-6 基于加权评分法的武汉长江大桥价值评价结果

评价指标		权重	平均得分
A_1 景观价值	B_1 视觉吸引力	0.06	8.07
	B_2 环境和谐度	0.05	7.66
	B_3 建筑风格	0.04	8.09
	B_4 装饰	0.03	7.78

续表

评价指标		权重	平均得分
A_2 社会文化价值	B_5 地标	0.06	8
	B_6 文学关联性	0.06	7.16
	B_7 社区影响度	0.04	7.95
A_3 科技价值	B_8 设计创新	0.03	7.9
	B_9 结构类型	0.04	7.83
	B_{10} 跨度	0.08	7.97
	B_{11} 建造材料	0.04	7.77
	B_{12} 施工技术	0.02	7.92
A_4 使用价值	B_{13} 生产生活功能	0.05	8.2
	B_{14} 交通区位	0.04	7.99
	B_{15} 经济效益	0.09	8.36
A_5 历史价值	B_{16} 建造时间	0.12	8.6
	B_{17} 历史相关性	0.11	7.5
	B_{18} 保存情况	0.05	7.53

（资料来源：作者整理）

运用加权评分法，得出武汉长江大桥价值评价的总得分为 8.02 分。

四、验证结果

本节分别采用模糊综合评价法和加权评分法对武汉长江大桥的价值进行定量评价，两种评价方法得出的总得分相差不大，分别为 8.12 分和 8.02 分，证明本书提出的活态遗产桥梁的价值评价模型具有一定的准确性。

第三节　兰州黄河铁桥价值评价的验证分析

兰州黄河铁桥是典型的轻度活态遗产桥梁，其基本情况见表 7-7。

表 7-7　兰州黄河铁桥基本情况一览表

指标	基 本 情 况
地理位置	甘肃省兰州市滨河路中段白塔山下、金城关前
建造时间	浮桥始建于明洪武年间(1368—1398 年),名镇远桥;清光绪三十三年(1907 年),改浮桥为铁桥
长度	长 234 m,宽 7.5 m
结构类型	有 6 墩 5 孔的铁桥,桥上飞架 5 座弧形钢架拱梁
跨度	每孔跨径为 45.9 m
主要材料	钢材、水泥
功能	公路桥
设计建造	由德商泰来洋行喀佑斯承建,美国人满宝本、德国人德罗作技术指导,当时动用国库白银三十万六千余两
历史地位	兰州历史最悠久的桥梁,也是黄河上第一座真正意义上的桥梁,故有"天下黄河第一桥"之称
遗产保护	2006 年 5 月,入选第六批全国重点文物保护单位

(资料来源:作者整理)

一、兰州黄河铁桥价值的定性评价

为明确兰州黄河铁桥的价值内涵,首先采用本书构建的活态遗产桥梁价值评价模型的 5 大评价因子、18 个评价指标,对兰州黄河铁桥的价值进行定性分析。

1. A_1 景观价值

B_1 视觉吸引力:兰州黄河铁桥(图 7-9)横跨黄河,与北部的白塔山相呼应,登桥远望,远处黄河蜿蜒盘曲,正如赵朴初所形容的"举头迎白塔,缓步过黄河。对岸两山峙,中流意兴多",吸引着无数游客的目光。

B_2 环境和谐度:兰州黄河铁桥位于白塔山下、金城关前,是黄河风情线的重要节点;铁桥主色调是蓝灰色,与白塔山植被的灰绿色和黄河的黄土颜色互相映衬,给人一种厚重感(图 7-10)。

图 7-9　兰州黄河铁桥

（资料来源：作者摄影）

图 7-10　兰州黄河铁桥周边环境

（资料来源：作者摄影）

B_3 建筑风格：兰州黄河铁桥遵循"少就是多"的理念，设计简洁明了且无多余冗杂的装饰，以结构力学和流体力学两大理论为基准，设计桥墩开间比例及桁架的构成，即使是后来的加固也是按照力学要求恰如其分地增加拱桁架。

B_4 装饰：兰州黄河铁桥南北两端各建有一座中国传统式的三开间牌厦，前后各悬挂有 2 块名人题写的匾额，两侧桥头各立石碑一块，铭记该桥的修建过程。

2. A_2 社会文化价值

B_5 地标：兰州黄河铁桥是兰州市标志性建筑之一，解放战争中，人民解放军以夺取兰州黄河铁桥作为兰州解放的标志，现而今则是丝绸之路上中国对外开放的象征。

B_6 文学关联性:与黄河铁桥相关的文学艺术作品有诗歌、小说等,如"伫看三月桃花冰,冰泮河桥柳色青"描写的即为该桥早期的浮桥,华语悬疑小说家蔡骏的《镇墓兽》中也有描写该桥的情节,但总体来说,这些文学艺术作品的知名度相对不高。但值得一提的是,该桥的全宗档案共 45 卷、571 件、2561 页,作为我国现存清代档案的一部分,于 2003 年入选中国首批档案文献遗产名录。

B_7 社区影响度:黄河铁桥百年来不仅为当地居民的日常出行提供便利,而且已成为人们对于兰州市的城市历史和文脉的永久记忆和精神象征。

3. A_3 科技价值

B_8 设计创新:兰州黄河铁桥的选址为黄河兰州段中较窄的一段,宽约 220 多米,且该段黄河河道顺直、少有弯折,河道高差较小,河水较浅(深约 2.6 m)且水流匀速平缓,这使清代末期利用西方当时的技术条件建桥成为可能。

B_9 结构类型:黄河铁桥基本结构为穿式钢桁架,1954 年增建了 5 座弧形钢架拱梁,使其结构更加坚固。

B_{10} 跨度:黄河铁桥全长 234 m,在同类桥梁中并无优势。

B_{11} 建造材料:兰州黄河铁桥的主要建造材料是铸铁、水泥,所有的建造材料,包括铆钉、铁条、油漆等,都是在当时极其落后的运输条件下从德国辗转运至兰州的。

B_{12} 施工技术:黄河铁桥始建于 1907 年初春,由德国商人承建,69 名国外工人与国内匠人负责施工,施工技术主要以当时的成熟技术为主。

4. A_4 使用价值

B_{13} 生产生活功能:兰州黄河铁桥建成 100 多年来一直在发挥通行功能,直到 2004 年,兰州市结束其近百年的通车历史,仅保留步行功能,之后几经反复,直至 2013 年变成永久性步行桥。

B_{14} 交通区位:兰州黄河铁桥将兰州市黄河两岸的两片城区连成一体,并开启了甘肃通向新疆、青海、宁夏、内蒙古等地的商道。抗日战争期间,由新疆入境的苏联援华物资大多经甘新公路运抵作为西北交通枢纽的兰州集中后,再由西兰公路等转运到各抗日前线,该桥是当时甘新、西兰两条东西大通道上唯一的一座横跨黄河的桥梁,是为抗日战争提供后勤补给的关键性桥梁。

B_{15} 经济效益:兰州黄河铁桥的建成使得兰州市黄河南北两岸的交通得以连接,大量的农产品和人口得以流入城市,从而增加了城市贸易量和劳动力,丰富了物资供给,加速了城市化发展进程,并使东西部的经济、文化交流更加便利。

5. A_5 历史价值

B_{16} 建造时间:兰州黄河铁桥距今已有110余年的历史,1989年成为兰州市级文物保护单位,2006年成为全国重点文物保护单位。

B_{17} 历史相关性:兰州黄河铁桥与部分历史名人或事件的关联性见表7-8。

表7-8 兰州黄河铁桥与部分历史名人或事件的关联性

历史人物/事件	与兰州黄河铁桥的关联性
明宋国公冯胜	明洪武五年(1372年),在兰州城西3.5 km处始建黄河浮桥,即兰州黄河铁桥的前身
明卫国公邓愈	明洪武九年(1376年),将此桥移至城西5 km处,称为镇远桥
明兰州卫指挥杨廉	明洪武十八年(1385年),将浮桥移至现在的位置——白塔山下
清甘肃洋务总办彭英甲	清光绪三十二年(1906年),奏请朝廷批准修建黄河铁桥,并于该年10月以16.5万两白银包工、包料的总价承包给德国泰来洋行喀佑斯承建
孙中山	1942年,为纪念孙中山先生而改名为中山桥,桥名沿用至今
兰州解放战役	1949年8月26日,在解放兰州战役中,铁桥桥面木板被焚,杆件及纵梁被枪弹打得通红,但桥身安稳如常

(资料来源:作者整理)

B_{18} 保存情况:100 多年来,兰州黄河铁桥经历了无数次自然灾害、车船碰撞以及两次大规模战争的洗礼,自 1931 年起,经过大大小小 18 次维修,保存情况基本良好。

二、基于模糊综合评价法的兰州黄河铁桥价值评价

为更加准确地评价兰州黄河铁桥的价值,并验证本书所构建的价值评价模型,本小节运用模糊综合评价法对该桥的价值进行定量评价。

1. 问卷调查

本次问卷调查主要针对兰州市民和游客,共在中山桥、白塔山公园、金城关、滨河路、中山路等地发放问卷 200 份,回收问卷 196 份,其中有效问卷 187 份,有效率为 95.41%。

本次调查的问卷分为两大部分:第一部分为兰州黄河铁桥的价值评价,采用活态遗产桥梁价值评价模型的 18 个评价指标,测量方式为 10 级量表,请被调查者根据个人认知分别对兰州黄河铁桥的 18 个价值评价指标进行赋分,分值为 1~10 分;第二部分为被调查者的个人信息,包括性别、年龄和常住地等。

对 187 份有效问卷进行数据分析,结果显示:被调查者中男性为 76 人,占 40.64%,女性为 111 人,占 59.36%(图 7-11);兰州市本地居民 107 人,占 57.21%,在兰州高校就读的学生 62 人,占 33.16%,外地游客 18 人,占 9.63%(图 7-12);18 岁以下 9 人,占 4.81%,18~25 岁 61 人,占 32.62%,26~35 岁 82 人,占 43.85%,36~45 岁 24 人,占 12.83%,46~60 岁 10 人,占 5.35%,60 岁以上 1 人,占 0.54%(图 7-13)。

通过 SPSS 20.0 软件对本次问卷调查进行信度分析,得出的 α 信度系数为 0.919,表明本次问卷调查的信度甚佳。

2. 调查结果及分析

本次调查的决断集为 $V = \{1,2,3,4,5,6,7,8,9,10\}$,问卷调查结果见表 7-9。

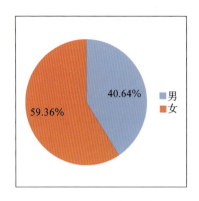

图 7-11 兰州黄河铁桥被调查者性别比例

（资料来源：作者绘制）

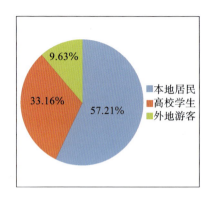

图 7-12 兰州黄河铁桥被调查者居住地情况

（资料来源：作者绘制）

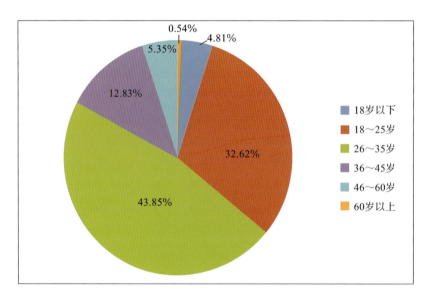

图 7-13 兰州黄河铁桥被调查者年龄分布情况

（资料来源：作者绘制）

表 7-9　兰州黄河铁桥价值评价问卷调查结果

评价指标		问卷调查结果									
		1	2	3	4	5	6	7	8	9	10
A_1	B_1	0	0.53	1.07	3.21	11.76	15.51	23.53	16.58	13.37	14.44
	B_2	0	0	0	3.21	13.9	16.04	25.13	21.93	9.63	10.16
	B_3	0	0	1.6	3.74	6.42	13.9	20.86	21.39	12.83	19.25
	B_4	0	0.53	1.6	3.21	9.09	12.83	15.51	25.67	12.83	18.72
A_2	B_5	0	0	1.6	4.81	12.3	16.04	14.44	25.13	10.7	14.97
	B_6	0.53	2.67	2.67	9.09	9.63	12.3	19.25	16.58	15.51	11.76
	B_7	0.53	0	1.6	4.81	5.35	16.58	20.32	22.99	12.3	15.51
A_3	B_8	0	0	1.6	3.21	9.09	15.51	19.25	22.99	12.83	15.51
	B_9	0	0.53	0.53	2.14	7.49	12.83	21.93	22.99	17.65	13.9
	B_{10}	0.53	0	1.07	1.6	7.49	11.23	22.99	25.13	12.83	17.11
	B_{11}	0.53	0.53	1.6	1.6	10.16	13.37	26.2	22.99	6.95	16.04
	B_{12}	0.53	0	0.53	4.81	10.16	13.9	19.25	25.13	14.44	11.23
A_4	B_{13}	0	1.07	0	1.6	6.95	14.44	21.39	23.53	15.51	15.51
	B_{14}	0	0.53	0.53	2.14	6.95	14.97	20.86	25.67	17.11	11.23
	B_{15}	0.53	0	0.53	2.14	6.42	13.37	24.06	26.74	11.23	14.97
A_5	B_{16}	0	0	0	3.21	5.35	8.56	18.18	24.06	13.9	26.74
	B_{17}	0.53	0.53	3.74	7.49	20.32	14.97	19.25	17.65	0	15.51
	B_{18}	0	0.53	1.07	6.42	14.44	21.93	17.11	22.46	8.02	8.02

(资料来源:作者整理)

在此问卷调查的基础上建立模糊综合评判矩阵,并进行加权计算,结果如下:

$$R_{A_1} = \begin{bmatrix} 0 & 0.53 & 1.07 & 3.21 & 11.76 & 15.51 & 23.53 & 16.58 & 13.37 & 14.44 \\ 0 & 0 & 0 & 3.21 & 13.9 & 16.04 & 25.13 & 21.93 & 9.63 & 10.16 \\ 0 & 0 & 1.6 & 3.74 & 6.42 & 13.9 & 20.86 & 21.39 & 12.83 & 19.25 \\ 0 & 0.53 & 1.6 & 3.21 & 9.09 & 12.83 & 15.51 & 25.67 & 12.83 & 18.72 \end{bmatrix}$$

$$A_{A_1} = \{0.27 \quad 0.27 \quad 0.26 \quad 0.2\}$$

$B_{A_1} = \{0 \quad 0.25 \quad 1.02 \quad 3.35 \quad 10.42 \quad 14.7 \quad \mathbf{21.66} \quad 21.09 \quad 12.11 \quad 15.39\}$

根据最大隶属原则,该桥的景观价值得分为 7 分。

$$R_{A_2} = \begin{bmatrix} 0 & 0 & 1.6 & 4.81 & 12.3 & 16.04 & 14.44 & 25.13 & 10.7 & 14.97 \\ 0.53 & 2.67 & 2.67 & 9.09 & 9.63 & 12.3 & 19.25 & 16.58 & 15.51 & 11.76 \\ 0.53 & 0 & 1.6 & 4.81 & 5.35 & 16.58 & 20.32 & 22.99 & 12.3 & 15.51 \end{bmatrix}$$

$$A_{A_2} = \{0.37 \quad 0.32 \quad 0.31\}$$

$B_{A_2} = \{0.33 \quad 0.85 \quad 1.94 \quad 6.18 \quad 9.29 \quad 15.01 \quad 17.8 \quad \mathbf{21.73} \quad 12.74 \quad 14.11\}$

根据最大隶属原则,该桥的社会文化价值得分为 8 分。

$$R_{A_3} = \begin{bmatrix} 0 & 0 & 1.6 & 3.21 & 9.09 & 15.51 & 19.25 & 22.99 & 12.83 & 15.51 \\ 0 & 0.53 & 0.53 & 2.14 & 7.49 & 12.83 & 21.93 & 22.99 & 17.65 & 13.9 \\ 0.53 & 0 & 1.07 & 1.6 & 7.49 & 11.23 & 22.99 & 25.13 & 12.83 & 17.11 \\ 0.53 & 0.53 & 1.6 & 1.6 & 10.16 & 13.37 & 26.2 & 22.99 & 6.95 & 16.04 \\ 0.53 & 0 & 0.53 & 4.81 & 10.16 & 13.9 & 19.25 & 25.13 & 14.44 & 11.23 \end{bmatrix}$$

$$A_{A_3} = \{0.23 \quad 0.21 \quad 0.17 \quad 0.2 \quad 0.19\}$$

$B_{A_3} = \{0.3 \quad 0.22 \quad 1.08 \quad 2.69 \quad 8.9 \quad 13.49 \quad 21.84 \quad \mathbf{23.76} \quad 12.97 \quad 14.74\}$

根据最大隶属原则,该桥的科技价值得分为 8 分。

$$R_{A_4} = \begin{bmatrix} 0 & 1.07 & 0 & 1.6 & 6.95 & 14.44 & 21.39 & 23.53 & 15.51 & 15.51 \\ 0 & 0.53 & 0.53 & 2.14 & 6.95 & 14.97 & 20.86 & 25.67 & 17.11 & 11.23 \\ 0.53 & 0 & 0.53 & 2.14 & 6.42 & 13.37 & 24.06 & 26.74 & 11.23 & 14.97 \end{bmatrix}$$

$$A_{A_4} = \{0.35 \quad 0.35 \quad 0.3\}$$

$B_{A_4} = \{0.16 \quad 0.56 \quad 0.34 \quad 1.95 \quad 6.79 \quad 14.3 \quad 22.10 \quad \mathbf{25.24} \quad 14.79 \quad 13.83\}$

根据最大隶属原则,该桥的使用价值得分为 8 分。

$$R_{A_5} = \begin{bmatrix} 0 & 0 & 0 & 3.21 & 5.35 & 8.56 & 18.18 & 24.06 & 13.9 & 26.74 \\ 0.53 & 0.53 & 3.74 & 7.49 & 20.32 & 14.97 & 19.25 & 17.65 & 0 & 15.51 \\ 0 & 0.53 & 1.07 & 6.42 & 14.44 & 21.93 & 17.11 & 22.46 & 8.02 & 8.02 \end{bmatrix}$$

$$A_{A_5} = \{0.35 \quad 0.35 \quad 0.3\}$$

$B_{A_5} = \{0.19 \quad 0.34 \quad 1.63 \quad 5.67 \quad 13.32 \quad 14.81 \quad 18.23 \quad \mathbf{21.34} \quad 7.27 \quad 17.19\}$

根据最大隶属原则,该桥的历史价值得分为 8 分。

综上所述,根据模糊综合评价法,兰州黄河铁桥的价值评价结果见表7-10。

表 7-10　基于模糊综合评价法的兰州黄河铁桥价值评价结果

评 价 指 标	得 分
景观价值	7
社会文化价值	8
科技价值	8
使用价值	8
历史价值	8

(资料来源:作者整理)

根据加权平均法,计算兰州黄河铁桥价值评价的总得分为7.74分。

三、基于加权平均法的兰州黄河铁桥价值评价

为验证本书提出的活态遗产桥梁价值评价模型的准确性,再次邀请桥梁工程、工程景观、遗产保护领域的8位专家,进行第三轮意见征询,请专家分别对兰州黄河铁桥的价值评价指标进行打分,然后对各评价指标的平均得分采用加权评分法计算兰州黄河铁桥价值评价的得分(表7-11)。

表 7-11　基于加权评分法的兰州黄河铁桥价值评价结果

评 价 指 标		权重	平均得分
A_1 景观价值	B_1 视觉吸引力	0.06	7.31
	B_2 环境和谐度	0.05	7.18
	B_3 建筑风格	0.04	7.6
	B_4 装饰	0.03	7.58
A_2 社会文化价值	B_5 地标	0.06	7.3
	B_6 文学关联性	0.06	6.97
	B_7 社区影响度	0.04	7.45

续表

评价指标		权重	平均得分
A_3 科技价值	B_8 设计创新	0.03	7.61
	B_9 结构类型	0.04	7.64
	B_{10} 跨度	0.08	7.65
	B_{11} 建造材料	0.04	7.34
	B_{12} 施工技术	0.02	7.34
A_4 使用价值	B_{13} 生产生活功能	0.05	5.63
	B_{14} 交通区位	0.04	5.53
	B_{15} 经济效益	0.09	1.56
A_5 历史价值	B_{16} 建造时间	0.12	8.03
	B_{17} 历史相关性	0.11	6.5
	B_{18} 保存情况	0.05	6.86

（资料来源：作者整理）

运用加权评分法，得出兰州黄河铁桥价值评价的总得分为 7.45 分。

四、验证结果

本节中分别采用模糊综合评价法和加权评分法对兰州黄河铁桥的价值进行定量评价，两种评价方法得出的总得分相差不大，分别为 7.74 分和 7.45 分，证明本书提出的活态遗产桥梁的价值评价模型具有一定的准确性。

第四节　福建屏南万安桥价值评价的验证分析

福建屏南万安桥（又名长桥、龙江公济桥）是典型的中度活态遗产桥梁，其基本情况见表 7-12。

表 7-12　福建屏南万安桥基本情况一览表

指　标	基　本　情　况
地理位置	福建省屏南县长桥镇长桥村

续表

指标	基 本 情 况
建造时间	始建于北宋,清乾隆七年(1742年)重建,乾隆三十三年(1768年)遭盗焚,架木代渡,清道光二十五年(1845年)复建,民国初烧毁;民国二十一年(1932年)再度重建;1952年桥西北端被大水冲毁12开间,1954年县人民政府出资重建
长度	现桥长98.2 m,宽4.7 m
结构类型	贯木拱风雨桥,五墩六孔,船形墩、桥堍、桥墩均用块石砌筑,桥屋建37开间152柱,九檩穿斗式构架,上覆双坡顶,桥面以杉木板铺设
跨度	每孔跨径不等,最短拱跨为10.6 m,最长拱跨为15.2 m
主要材料	石材、木材
功能	人行桥
设计建造	1954年重建时,建桥木匠主绳为长桥村黄生富、黄象颜;石匠为本县曲尺尾村邱允请、前溪村林庆祥
历史地位	现存全国最长的木拱廊桥
遗产保护	1990年公布为县级文物保护单位,1991年福建省人民政府公布为省级文物保护单位,2006年作为"闽东北廊桥"之一,被公布为第六批国家重点文物保护单位;2012年作为"闽浙木拱廊桥"之一入选世界文化遗产备选名单

(资料来源:作者整理)

一、福建屏南万安桥价值的定性评价

为明确万安桥的价值内涵,首先采用本书构建的活态遗产桥梁价值评价模型的5大评价因子、18个评价指标,对万安桥的价值进行定性分析。

1. A_1景观价值

B_1视觉吸引力:万安桥(图7-14)采用中国木拱廊桥营造技术,工艺堪称巧夺天工,远观形似长虹卧波,气势雄伟、古朴端庄,具有较高的视觉吸引力。

B_2环境和谐度:该桥西北建有重檐桥亭,东堍设齐天大圣庙,边上是屏

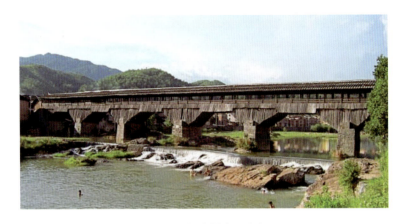

图 7-14　福建屏南万安桥

（资料来源：作者摄影）

南县人民政府旧址（1950—1956 年），加之周边的青山绿水，形成一幅自然与人文环境交相辉映的图画。

B_3 建筑风格：该桥桥屋有 37 个开间，立柱 152 根，北端屋面为歇山顶，南面为悬山二面坡形式，除北端梁架因歇山顶而采用角梁外挑外，其余均为四柱七檩前后挑檐、中部五架抬梁式，对研究古桥梁建筑具有重大价值（图 7-15、图 7-16）。

图 7-15　万安桥桥屋

（资料来源：作者摄影）

图 7-16　万安桥桥亭

（资料来源：作者摄影）

B_4 装饰：万安桥桥面以规则木板构成美丽的图案，正中桥墩上有一嵌入桥墩的石碑，记录桥梁建造的目的及捐资者；桥屋内檐下有 13 幅楹联，具有一定的文学艺术价值。

2. A_2社会文化价值

B_5地标：万安桥是长桥镇长桥村的标志，该镇及村均因万安桥而得名。

B_6文学关联性：万安桥相关的文学艺术作品有诗歌、民间传说等，如清贡生江起蛟的诗作："千寻缟带跨沧州，阳羡桥应莫比幽。月照虹弯飞古渡，水摇鳌背漾神州。汉家墨迹留中砥，秦洞桃花接上流。锦渡浮来香片片，令人遥想武陵游。"

B_7社区影响度：万安桥百年来不仅为当地居民的日常出行提供便利，而且桥中建有神龛祭祀观音，是当地居民宗教活动的主要场所之一，也是当地居民日常休闲、娱乐、聚会的重要场所之一。

3. A_3科技价值

B_8设计创新：万安桥采用我国传统的木拱廊桥营造技艺建造，在设计方面并无重大突破和创新。

B_9结构类型：万安桥是我国闽浙地区典型的贯木拱廊桥，是我国独有的桥梁结构类型。

B_{10}跨度：万安桥全长 98.2 m，是全国现存最长的木拱廊桥。

B_{11}建造材料：万安桥的主要建造材料是石材、木材，为当地较为常见的建筑材料。

B_{12}施工技术：万安桥的建造，包括历次重建，均采用中国木拱廊桥传统的编梁技法和施工技术。

4. A_4使用价值

B_{13}生产生活功能：万安桥建成以来，一直在发挥交通通行和生活联络功能，并成为当地居民日常休闲、游憩的重要场所之一。

B_{14}交通区位：万安桥连接溪流两岸，是当地居民日常出行的重要通道之一。

B_{15}经济效益：万安桥主要为当地居民日常出行提供便利，对地方经济的直接和间接经济效益不像武汉长江大桥和兰州黄河铁桥一样显著。

5. A_5历史价值

B_{16}建造时间：万安桥始建于北宋，距今已有近 1000 年的历史；最后一次重建于 1954 年，2006 年成为全国重点文物保护单位。

B_{17} 历史相关性：万安桥位于福建屏南县的一个小村落，少见与之相关的重大历史事件、历史名人，但当地不乏掌握木拱廊桥营造技艺的匠人。如1954 年万安桥重建时的木匠主绳黄象颜，出生于当地的造桥世家，其子黄春财现为木拱廊桥国家级非物质文化遗产传承人之一，为我国廊桥技艺的传承做出了极大贡献。

B_{18} 保存情况：万安桥经历了数次损毁、数次重建，基本保留了桥梁的原始风貌和建造技艺，但部分木结构的部件仍有不同程度的磨损、朽坏。

二、基于模糊综合评价法的福建屏南万安桥价值评价

为更加准确地评价万安桥的价值，并验证本书所构建的价值评价模型，本小节运用模糊综合评价法对该桥的价值进行定量评价。

1. 问卷调查

本次问卷调查主要针对屏南县当地居民和游客，采用实地发放和网络问卷相结合的形式，共发放问卷 200 份，回收问卷 177 份，其中有效问卷 169 份，有效率为 95.48%。

本次调查的问卷分为两大部分：第一部分为万安桥的价值评价，采用活态遗产桥梁价值评价模型的 18 个评价指标，测量方式为 10 级量表，请被调查者根据个人认知分别对万安桥的 18 个价值评价指标进行赋分，分值为 1~10 分；第二部分为被调查者的个人信息，包括性别、年龄和常住地等。

对 169 份有效问卷进行数据分析，结果显示：被调查者中男性 84 人，占 49.70%，女性为 85 人，占 50.30%（图 7-17）；当地居民 75 人，占 44.38%，外地游客 94 人，占 55.62%（图 7-18）；18 岁以下 7 人，占 4.14%，18~25 岁 68 人，占 40.24%，26~35 岁 46 人，占 27.22%，36~45 岁 28 人，占 16.57%，46~60 岁 17 人，占 10.06%，60 岁以上 3 人，占 1.77%（图 7-19）。

通过 SPSS 20.0 软件对本次问卷调查进行信度分析，得出的 α 信度系数为 0.935，表明本次问卷调查的信度甚佳。

2. 调查结果及分析

本次调查的决断集为 $V=\{1,2,3,4,5,6,7,8,9,10\}$，问卷调查结果见表 7-13。

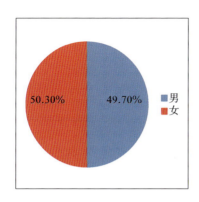

图 7-17 万安桥被调查者性别比例

（资料来源：作者绘制）

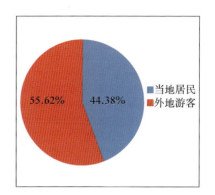

图 7-18 万安桥被调查者居住地情况

（资料来源：作者绘制）

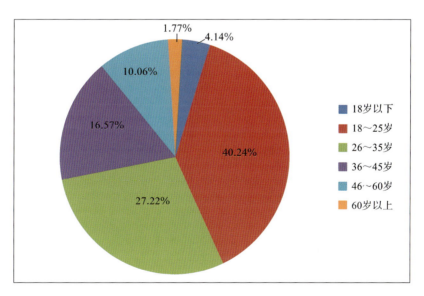

图 7-19 万安桥被调查者年龄分布情况

（资料来源：作者绘制）

表 7-13　万安桥价值评价问卷调查结果

评价指标		问卷调查结果									
		1	2	3	4	5	6	7	8	9	10
A_1	B_1	1.44	0	2.88	3.6	8.63	13.67	21.58	27.34	15.11	5.76
	B_2	1.44	0	2.16	7.91	13.67	17.27	18.71	20.14	12.95	5.76
	B_3	0.72	0	1.44	7.19	13.67	12.95	21.58	25.9	9.35	7.19
	B_4	1.44	0	2.16	2.16	12.95	18.71	20.86	23.02	15.11	3.6
A_2	B_5	0.72	0.72	0.72	7.19	12.23	13.67	23.74	25.18	8.63	7.19
	B_6	1.44	0	3.6	5.76	12.23	12.95	21.58	20.14	16.55	5.76
	B_7	0.72	0.72	4.32	6.47	11.51	12.95	21.58	22.3	12.23	7.19
A_3	B_8	1.44	0.72	2.16	7.19	10.79	19.42	25.18	20.86	6.47	5.76
	B_9	0	0	0.72	6.47	15.11	14.39	21.58	29.5	7.91	4.32
	B_{10}	0.72	1.44	0.72	7.91	13.67	17.99	15.83	24.46	10.79	6.47
	B_{11}	0	0.72	2.88	5.76	7.91	15.11	22.3	27.34	12.23	5.76
	B_{12}	0.72	0.72	2.16	7.19	13.67	15.11	20.86	22.3	12.23	5.04
A_4	B_{13}	0	0	0.72	2.88	11.51	16.55	25.9	25.9	9.35	7.19
	B_{14}	0.72	0.72	0.72	7.19	11.51	11.51	24.46	25.18	10.79	7.19
	B_{15}	0	0	2.16	6.47	7.91	22.3	23.02	19.42	10.79	7.91
A_5	B_{16}	0.72	0.72	2.16	9.35	12.23	18.71	22.3	21.58	8.63	3.6
	B_{17}	0	0	1.44	7.91	10.79	18.71	20.86	20.86	12.23	7.19
	B_{18}	0.72	0.72	1.44	5.76	8.63	16.55	20.14	24.46	17.27	4.32

(资料来源:作者整理)

在此问卷调查的基础上建立模糊综合评判矩阵,并进行加权计算,结果如下:

$$R_{A_1} = \begin{bmatrix} 1.44 & 0 & 2.88 & 3.6 & 8.63 & 13.67 & 21.58 & 27.34 & 15.11 & 5.76 \\ 1.44 & 0 & 2.16 & 7.91 & 13.67 & 17.27 & 18.71 & 20.14 & 12.95 & 5.76 \\ 0.72 & 0 & 1.44 & 7.19 & 13.67 & 12.95 & 21.58 & 25.9 & 9.35 & 7.19 \\ 1.44 & 0 & 2.16 & 2.16 & 12.95 & 18.71 & 20.86 & 23.02 & 15.11 & 3.6 \end{bmatrix}$$

$$A_{A_1} = \{0.27 \quad 0.27 \quad 0.26 \quad 0.2\}$$

$$B_{A_1} = \{1.25 \quad 0 \quad 2.17 \quad 5.41 \quad 12.17 \quad 15.46 \quad 20.66 \quad \mathbf{24.16} \quad 13.03 \quad 5.7\}$$

根据最大隶属原则,该桥的景观价值得分为8分。

$$R_{A_2} = \begin{bmatrix} 0.72 & 0.72 & 0.72 & 7.19 & 12.23 & 13.67 & 23.74 & 25.18 & 8.63 & 7.19 \\ 1.44 & 0 & 3.6 & 5.76 & 12.23 & 12.95 & 21.58 & 20.14 & 16.55 & 5.76 \\ 0.72 & 0.72 & 4.32 & 6.47 & 11.51 & 12.95 & 21.58 & 22.3 & 12.23 & 7.19 \end{bmatrix}$$

$$A_{A_2} = \{0.37 \quad 0.32 \quad 0.31\}$$

$$B_{A_2} = \{0.95 \quad 0.49 \quad 2.76 \quad 6.51 \quad 12.01 \quad 13.22 \quad 22.38 \quad \mathbf{22.67} \quad 12.28 \quad 6.73\}$$

根据最大隶属原则,该桥的社会文化价值得分为8分。

$$R_{A_3} = \begin{bmatrix} 1.44 & 0.72 & 2.16 & 7.19 & 10.79 & 19.42 & 25.18 & 20.86 & 6.47 & 5.76 \\ 0 & 0 & 0.72 & 6.47 & 15.11 & 14.39 & 21.58 & 29.5 & 7.91 & 4.32 \\ 0.72 & 1.44 & 0.72 & 7.91 & 13.67 & 17.99 & 15.83 & 24.46 & 10.79 & 6.47 \\ 0 & 0.72 & 2.88 & 5.76 & 7.91 & 15.11 & 22.3 & 27.34 & 12.23 & 5.76 \\ 0.72 & 0.72 & 2.16 & 7.19 & 13.67 & 15.11 & 20.86 & 22.3 & 12.23 & 5.04 \end{bmatrix}$$

$$A_{A_3} = \{0.23 \quad 0.21 \quad 0.17 \quad 0.2 \quad 0.19\}$$

$$B_{A_3} = \{0.59 \quad 0.69 \quad 1.76 \quad 6.88 \quad 12.16 \quad 16.44 \quad 21.44 \quad \mathbf{24.86} \quad 9.75 \quad 5.44\}$$

根据最大隶属原则,该桥的科技价值得分为8分。

$$R_{A_4} = \begin{bmatrix} 0 & 0 & 0.72 & 2.88 & 11.51 & 16.55 & 25.9 & 25.9 & 9.35 & 7.19 \\ 0.72 & 0.72 & 0.72 & 7.19 & 11.51 & 11.51 & 24.46 & 25.18 & 10.79 & 7.19 \\ 0 & 0 & 2.16 & 6.47 & 7.91 & 22.3 & 23.02 & 19.42 & 10.79 & 7.91 \end{bmatrix}$$

$$A_{A_4} = \{0.35 \quad 0.35 \quad 0.3\}$$

$$B_{A_4} = \{0.25 \quad 0.25 \quad 1.15 \quad 5.47 \quad 10.43 \quad 16.51 \quad \mathbf{24.53} \quad 23.7 \quad 10.29 \quad 7.41\}$$

根据最大隶属原则,该桥的使用价值得分为7分。

$$R_{A_5} = \begin{bmatrix} 0.72 & 0.72 & 2.16 & 9.35 & 12.23 & 18.71 & 22.3 & 21.58 & 8.63 & 3.6 \\ 0 & 0 & 1.44 & 7.91 & 10.79 & 18.71 & 20.86 & 20.86 & 12.23 & 7.19 \\ 0.72 & 0.72 & 1.44 & 5.76 & 8.63 & 16.55 & 20.14 & 24.46 & 17.27 & 4.32 \end{bmatrix}$$

$$A_{A_5} = \{0.35 \quad 0.35 \quad 0.3\}$$

$$B_{A_5} = \{0.47 \quad 0.47 \quad 1.69 \quad 7.77 \quad 10.65 \quad 18.06 \quad 21.15 \quad \mathbf{22.19} \quad 12.48 \quad 5.07\}$$

根据最大隶属原则,该桥的历史价值得分为8分。

综上所述,根据模糊综合评价法,屏南万安桥的价值评价结果见表7-14。

表7-14　基于模糊综合评价法的屏南万安桥价值评价结果

评价指标	得分
景观价值	8
社会文化价值	8
科技价值	8
使用价值	7
历史价值	8

(资料来源:作者整理)

根据加权平均法,计算屏南万安桥价值评价的总得分为7.71分。

三、基于加权平均法的屏南万安桥价值评价

为验证本书提出的活态遗产桥梁价值评价模型的准确性,再次邀请桥梁工程、工程景观、遗产保护领域的8位专家,进行第三轮意见征询,请专家分别对屏南万安桥的价值评价指标进行打分,然后对各评价指标的平均得分采用加权评分法计算屏南万安桥价值评价的得分(表7-15)。

表7-15　基于加权评分法的屏南万安桥价值评价结果

评价指标		权重	平均得分
A_1景观价值	B_1视觉吸引力	0.06	8.93
	B_2环境和谐度	0.05	7.89
	B_3建筑风格	0.04	8.68
	B_4装饰	0.03	7.82
A_2社会文化价值	B_5地标	0.06	6.94
	B_6文学关联性	0.06	8.23
	B_7社区影响度	0.04	7.88

续表

评价指标		权重	平均得分
A_3 科技价值	B_8 设计创新	0.03	6.68
	B_9 结构类型	0.04	7.21
	B_{10} 跨度	0.08	6.82
	B_{11} 建造材料	0.04	7.06
	B_{12} 施工技术	0.02	6.81
A_4 使用价值	B_{13} 生产生活功能	0.05	7.15
	B_{14} 交通区位	0.04	7.01
	B_{15} 经济效益	0.09	6.99
A_5 历史价值	B_{16} 建造时间	0.12	8.62
	B_{17} 历史相关性	0.11	6.97
	B_{18} 保存情况	0.05	7.07

（资料来源：作者整理）

运用加权评分法，得出屏南万安桥价值评价的总得分为 7.61 分。

四、验证结果

本节中分别采用模糊综合评价法和加权评分法对屏南万安桥的价值进行定量评价，两种评价方法得出的总得分相差不大，分别为 7.71 分和 7.61 分，证明本书提出的活态遗产桥梁的价值评价模型具有一定的准确性。

第八章 结论与展望

第一节 主 要 结 论

本书聚焦活态遗产桥梁及其价值,从基础研究、价值研究和价值评价三大方面进行深入探讨,并形成3大方面的6条研究结论。

一、活态遗产桥梁的基础研究结论

1. 界定活态遗产桥梁的概念与范畴

本书提出活态遗产桥梁概念:活态遗产桥梁是指人类历史上遗留下来的具有突出的普遍价值,仍在发挥其原有的或历史演进过程中功能的遗产桥梁,属于活态的文化景观遗产。

本书提出活态遗产桥梁的范畴,包括狭义与广义两种:狭义的活态遗产桥梁是指具有突出的普遍价值的桥梁个体,其研究也以此为核心展开,主要包括遗产桥梁个体的价值发掘和保护两大方面的内容;广义的活态遗产桥梁是一个遗产门类,也是工程景观学体系中的一个独立的分支学科方向,其范畴不仅囊括狭义活态遗产桥梁的内涵,更注重作为一个独立的遗产门类所呈现出的共性特征及其保护管理体制。

2. 推断活态遗产桥梁的发展趋势

笔者指出活态遗产桥梁,尤其是近现代活态遗产桥梁,是遗产桥梁领域未来发展的主体。该趋势在 ICOMOS 和 TICCIH 的《世界遗产桥梁报告》中已有表露,而活态遗产桥梁陆续进入世界遗产和我国的文物保护体系且数量呈积极增长的趋势则再次印证了该观点。

二、活态遗产桥梁的价值研究结论

1. 提出并修正活态遗产桥梁的价值标准

活态遗产桥梁的价值标准包括原真性、完整性、延续性、科技性、多样性5个方面。其中,原真性是活态遗产桥梁最重要的价值标准之一,本书提出在拥有原有桥梁完整、详细文档资料的情况下,在并不加任何猜想的基础上重建,和在原有位置不能发挥功能而进行的迁移式重建,这两种特殊情况同样也适用于原真性标准。本书还提出完整性标准包括活态遗产桥梁的物质文化遗存、非物质文化遗存及其周边环境的完整性。延续性是活态遗产桥梁最核心的特征,主要包括功能的延续和文化的延续,其遗产形态和遗产价值在动态的发展变化中不断创新、不断增强。科技性是活态遗产桥梁最为突出的特征,也是制约其是否能成为遗产的重要因素。

2. 构建活态遗产桥梁的价值体系

在对文化遗产的普遍价值和工业遗产、历史园林、建筑遗产、历史城镇、遗产桥梁等遗产门类的价值内涵及其评价进行借鉴研究的基础上,运用聚类归总的方法,从艺术价值、社会文化价值、科技价值、使用价值和历史价值5个大类构建活态遗产桥梁的价值体系,并用词云聚类归并的方法确定各大类下的21个小类构成,其价值体系见图8-1。

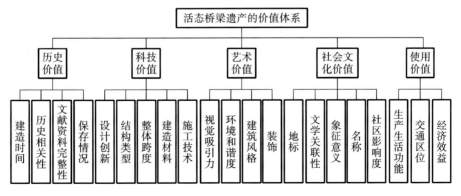

图 8-1　活态遗产桥梁的价值构成

(资料来源:作者绘制)

三、活态遗产桥梁的价值评价研究结论

1. 构建活态遗产桥梁的价值评价模型

在活态遗产桥梁价值内涵体系的基础上构建其价值评价模型,并运用德尔菲法和因子分析法进行修正,得到由 5 大评价因子、18 个评价指标组成的活态遗产桥梁价值评价指标体系。通过 AHP 和熵权法的综合运用,对每个评价指标进行赋权,采用加权评分法计算活态遗产桥梁价值的总得分并确定其价值级别,结果见表 8-1。

表 8-1　活态遗产桥梁的价值评价模型

评价因子	评价指标	权重
A_1 景观价值	B_1 视觉吸引力	0.06
	B_2 环境和谐度	0.05
	B_3 建筑风格	0.04
	B_4 装饰	0.03
A_2 社会文化价值	B_5 地标	0.06
	B_6 文学关联性	0.06
	B_7 社区影响度	0.04
A_3 科技价值	B_8 设计创新	0.03
	B_9 结构类型	0.04
	B_{10} 跨度	0.08
	B_{11} 建造材料	0.04
	B_{12} 施工技术	0.02
A_4 使用价值	B_{13} 生产生活功能	0.05
	B_{14} 交通区位	0.04
	B_{15} 经济效益	0.09
A_5 历史价值	B_{16} 建造时间	0.12
	B_{17} 历史相关性	0.11
	B_{18} 保存情况	0.05

(资料来源:作者整理)

2. 验证活态遗产桥梁价值的评价模型

以武汉长江大桥、兰州黄河铁桥和福建屏南万安桥三座典型的活态遗产桥梁为例,分别采用加权评分法和模糊综合评价法进行价值评价,将评价结果进行对比发现,两种评价方法得出的总得分相差不大,一定程度上证明了本书提出的活态遗产桥梁价值评价模型具有的科学性和准确性。

第二节 创新价值

本书是第一次对活态遗产桥梁进行较为全面的研究,创新之处主要有以下两个方面。

1. 构建活态遗产桥梁的价值体系

本书在借鉴其他遗产价值及其评价体系的基础上,构建了活态遗产桥梁的 5 个大类、21 个小类的价值体系,这是首次对活态遗产桥梁的价值内涵及其构成体系进行的全面剖析。

2. 设计活态遗产桥梁的价值评价方法

本书设计了由 5 大评价因子、18 个评价指标构成的活态遗产桥梁价值评价模型,将活态遗产桥梁的价值评价定量化,从而具有可操作性,并在实际运用中验证了该价值评价方法的科学性和准确性。

第三节 研究展望

一、有关本书的深化展望

活态遗产桥梁作为一个新的遗产门类,与之相关的研究非常少见,但它作为遗产桥梁未来的主体,已引起我国及联合国教科文组织的高度关注,故而本书即以此为聚焦对其进行研究,但受限于时间、篇幅和资料,还存在一些不足的地方,有待今后更全面地进行深入研究。

(1) 本书对遗产桥梁在世界遗产和各国遗产保护体系中的地位进行了

梳理,但由于时间有限和一手资料不足,对于活态遗产桥梁在遗产保护体系中的地位和存量,还有待今后进行更深入的调研和更全面的研究。

(2) 本书对活态遗产桥梁的价值评价模型,仅以武汉长江大桥、兰州黄河铁桥和福建屏南万安桥为例进行了验证,虽然结果较为理想,但受限于样本数量,其科学性和准确性还有待在今后活态遗产桥梁价值评价的实践中进一步得到检验。

(3) 本书提出的活态遗产桥梁价值评价模型也可用于活态遗产桥梁的评选,即如《安大略省遗产桥梁指南》的遗产桥梁评级体系一样,当某一桥梁的活态遗产桥梁价值评价达到一定的分数即可判定为活态遗产桥梁。但由于本书只对武汉长江大桥、兰州黄河铁桥和福建屏南万安桥三个案例进行了实证研究,样本量有限,而限于篇幅又未进行更多的对比验证,这有待今后发展充实。

二、有关活态遗产桥梁保护与管理体制的研究展望

本书研究活态遗产桥梁的价值及其评价,最终目的是为了甄别桥梁能否进入活态遗产桥梁保护体系,而有关如何保护、管理活态遗产桥梁的问题,本书并未涉及,这是本书的遗憾,也是活态遗产桥梁研究的发展空间。事实上,笔者对活态遗产桥梁的保护和管理也是有一些初步想法的。

1. 活态遗产桥梁的管理体制

鉴于我国当前活态遗产桥梁现有的管理体系比较复杂,涉及交通部、文化部、国家文物局、住房和城乡建设部等多个政府部门。为解决这一多头管理的问题,笔者提出:在中央政府设立专门的遗产管理机构(委员会),其下设立遗产桥梁管理委员分会,建立由各相关职能部门组成的跨部委联席会议管理体制,制定统一的遗产桥梁管理政策,协调遗产桥梁的保护和管理工作。该机构由国务院任命主任委员,每部委出任一位副主任委员,统一管理,共同决策。各级地方政府设立相应的遗产桥梁管理机构,管理本行政区划范围内的遗产桥梁,并对上一级的遗产桥梁管理机构负责。

同时借鉴联合国世界遗产管理的经验,引入第三方咨询机构并成立基金会。第三方咨询机构主要是由各学术机构、研究人员组成的专家委员会,

负责制订活态遗产桥梁的评定和分级标准,向遗产管理委员会推荐活态遗产桥梁,向遗产管理委员会提供政策咨询和技术支持等。遗产基金会负责募集和管理活态遗产桥梁保护的基金,确定需要提供资助的保护项目等。

但这一设想有两个前提,一是遗产桥梁成为一个独立的遗产门类,二是依托于国家遗产管理体制的改革,故而只有更多的同仁参与活态遗产桥梁的研究才能使该想法成为现实。

2. 活态遗产桥梁的保护体制

ICOMOS 和 TICCIH 在《世界遗产桥梁报告》中明确指出:"国家、省、市级保护立法的存在是十分必要的,而且必须在提名时清楚地陈述出来。"因此,针对活态遗产桥梁的保护,应在国家层面结合《世界遗产公约》《中华人民共和国文物保护法》及其他文物保护的相关法规,制订《活态遗产桥梁保护利用条例》《活态遗产桥梁保护管理办法》等行政法规和《活态遗产桥梁申报程序》《活态遗产桥梁评价标准》等部门性规章,地方层面以此为依据制定相应的地方性法规、地方政府规章,形成具有覆盖性的活态遗产桥梁保护法制保障体系。

对于所有的活态遗产桥梁,都应由政府部门主导、聘请专业机构制定《活态遗产桥梁保护规划》。该规划应确定活态遗产桥梁的保护层级、保护范围、桥梁本体的核心保护内涵、有利于保护的维护管理方式、处罚条例、有关保护的禁止性条例等,且通过评审之后由政府部门予以发布并赋予法律效力,一旦违背应受到相应的惩罚。

对于活态遗产桥梁的保护,笔者建议根据其活度的不同实行分级保护,同时引入活态博物馆①的概念。事实上,国内外有很多著名桥梁的桥下均配建有桥梁博物馆,而馆内一般都会陈设桥梁的建造和施工过程、桥梁的隐蔽工程、地质构造样本、桥梁的历史文化、桥梁的设计资料等,故而将其顺势建设为一个"活态博物馆"是非常合适的,这有待后续深入发掘。

综上所述,本书的目的在于使活态遗产桥梁能够得到更多的关注,其价值能得到合理的评判,其保护管理更加科学有效,虽有不足,但对活态遗产

---

① 也译为生态博物馆(Eco-museum)。

桥梁的基础研究、价值评价和保护管理具有针对性的理论和实践指导意义，也希望能推动遗产桥梁成为独立的遗产门类从而得到更好的保护、利用与管理，并能为中国这一桥梁大国在遗产桥梁的研究方面占据世界领先地位有所贡献。

参 考 文 献

[1] 白青峰.锈迹:寻访中国工业遗产[M].北京:中国工人出版社,2008.

[2] 常青.建筑遗产的生存策略:保护与利用设计实验[M].上海:同济大学出版社,2003.

[3] 常青,Jiang Tianyi,Chen Chenand,等.对建筑遗产基本问题的认知[J].建筑遗产,2016(1):44-61.

[4] 陈从周,潘洪萱.绍兴石桥[M].上海:上海科学技术出版社,1986.

[5] 陈芳敏.基于Gronroos理论和HERITQUAL模型的遗产旅游深度体验研究——以杭州市工业遗产旅游产业评价为例[J].企业导报,2012(5):87-89.

[6] 陈曦.建筑遗产保护思想的演变[M].上海:同济大学出版社,2016.

[7] 陈曦.当代国际建筑遗产保护理论动向[J].建筑师,2011(2):96-101.

[8] 陈又林.从日本经验看非物质文化遗产的活态传承[J].神州民俗(学术版),2012(3):9-12.

[9] 储成芳.旅游驱动力对周庄古镇物质文化景观变迁影响因素研究[J].市场周刊(理论研究),2015(6):43-44.

[10] 邓广辉,喻永华,张立乾,等.从广济桥稳定性评价及抢险保护设计浅谈古代石拱桥现状评估和保护整治[J].北方交通,2007(12):69-72.

[11] 方百寿,曾武英.文化旅游资源的开发与保护——以泉州洛阳桥景区为中心[J].北京第二外国语学院学报,2001(3):63-66.

[12] 高红文,陈清文.嘉兴运河物质文化遗产的保护探究——以王江泾长虹桥为例[J].知识经济,2014(11):57-58.

[13] 甘久航.试论屏南木拱廊桥的文化生态保护[D].北京:中国艺术研究院,2013.

[14] 高鹏.资江上游流域风雨桥现状调研及保护研究[D].长沙:长沙理工

大学,2015.

[15] 高熊.工业遗产调研之滦河大铁桥[N].中国文物报,2016-05-27.

[16] 顾燕新.苏州古桥的历史内涵[J].苏州教育学院学报,2003(1):31-34.

[17] 北京市园林绿化局.关于首批北京历史名园名录的说明[Z].2015,3.

[18] 国际古迹遗址理事会中国国家委员会.中国文物古迹保护准则[Z].2015.

[19] 联合国教科文组织世界遗产中心,国际古迹遗址理事会,中国国家文物局,等.国际文化遗产保护文件选编[M].北京:文物出版社,2007:47.

[20] 国家文物局法制处.国际保护文化遗产法律文件选编[M].北京:紫禁城出版社,1993:162.

[21] 郭唯,袁书琪,李晓.福州古桥文化资源特征、保护及开发利用初探[J].福建地理,2006(6):55-58.

[22] 黄德凯.浅析古城潮州广济桥文化旅游资源的发展[J].艺术品鉴,2016(6):114.

[23] 黄尚东,袁立坤,李世峰.保定市清苑县冉庄村文化景观及其保护探讨[J].河北林果研究,2015,30(3):320-324.

[24] 黄雄.活态型桥梁遗产的内涵与价值研究[D].武汉:华中科技大学,2013.

[25] 黄正良.试析明清云龙古桥的美学意蕴[J].大理学院学报,2010,9(3):12-15.

[26] 侯志强,朱翠兰.闽浙木拱廊桥遗产旅游产品开发研究[J].福建农林大学学报(哲学社会科学版),2013,16(6):33-37.

[27] 贾学正.谈我国目前古桥保护的现状及对策[J].山西建筑,2011,37(35):152-153.

[28] 金沁.上海文物古桥调查及保护研究[D].上海:上海交通大学,2015.

[29] 蒋烨.中国廊桥建筑与文化研究[D].长沙:中南大学,2010.

[30] 凯文·林奇.城市意向[M].方益萍,何小军,译.北京:华夏出版

社,2001.

[31] 李春玲,王晶.美国国家历史地标遴选与保护的思考——兼谈中国全国重点文物保护单位评定工作[J].中国文化遗产,2014(2):67-76.

[32] 李华中,王金山,孙盈盈.赵州桥文化遗产旅游开发策略创新研究——以游客感知为视角[J].河北经贸大学学报(综合版),2012,12(1):14-16.

[33] 李倩菁,蔡晓梅.新文化地理学视角下景观研究综述与展望[J].人文地理,2017(1):23-28,98.

[34] 李敏.城市车挡设计研究[J].华中建筑,2014(1):118-121.

[35] 李秋萍.古桥结构体系及石拱桥的分析、监测评估与保护[D].杭州:浙江大学,2011.

[36] 李鹏程.当代文化哲学的沉思[M].北京:人民出版社,1994.

[37] 李绪洪.明远桥主体结构的保护与维修研究[J].建筑科学,2009,25(4):61-66.

[38] 李燕,束有春.远离古桥建新桥:江苏古桥保护模式[J].东南文化,2006(4):85-88.

[39] 梁思成.梁思成文集[M].北京:中国建筑工业出版社,1982.

[40] 刘辉.拱背套拱法加固文物古桥技术[J].养护与管理,2015(3):39-41.

[41] 刘起.作为工业遗产的兰州黄河铁桥建筑研究[D].西安:西安建筑科技大学,2008.

[42] 刘澍.苏州园林的廊桥遗梦[J].焦作大学学报,2014,28(3):72-75.

[43] 刘曦婷,周向频.近现代历史园林遗产价值评价研究[J].城市规划学刊,2014(4):104-110.

[44] 刘晓庆.四川桥文化旅游资源研究[D].成都:四川师范大学,2014.

[45] 龙松亮,王丽娴,张燕.文化景观遗产视野下的木拱廊桥遗产保护动向探析[J].安徽农业科学,2011(11):26-28.

[46] 芦建国,孙琴.论中国园林中的桥[J].农业科技与信息(现代园林),2007(11):80-83.

[47] 陆文强,张博.闽浙木拱廊桥价值的研究与开发保护对策[J].四川建筑科学研究,2011,37(4):104-107.

[48] 罗韧.桥梁工程导论[M].北京:中国建筑工业出版社,2000.

[49] 吕舟.文化多样性语境下的亚太地区活态遗产保护[J].建筑遗产,2016(3):28-39.

[50] 马辉.中国传统风景园林桥设计理法研究[D].北京:北京林业大学,2006.

[51] 马修·韦尔斯.世界著名桥梁设计[M].张慧,黎楠,译.北京:中国建筑工业出版社,2003.

[52] 毛安吉.上海外白渡桥保护修缮的技术措施和施工流程[J].中国市政工程,2010(3):38-40.

[53] 茅以升.介绍五座古桥——朱浦桥、广济桥、洛阳桥、宝带桥及灞桥[J].文物,1973(1):19-33.

[54] 茅以升.中国古桥技术史[M].北京:北京出版社,1986.

[55] 茅以升.重点文物保护单位中的桥——泸定桥、卢沟桥、安平桥、安济桥、永通桥[J].文物,1963(9):33-47.

[56] 任晓婷.工业遗产中桥梁建筑的保护与更新研究[D].长沙:长沙理工大学,2008.

[57] 单霁翔.从"文化景观"到"文化景观遗产"[J].东南文化,2010(2):7-18.

[58] 单霁翔."活态遗产":大运河保护创新论[J].中国名城,2008(2):4-6.

[59] 史晨暄.广义的世界遗产保护——从历史城镇、文化景观到非物质遗产[J].装饰,2004(9):116-117.

[60] 宋刚,杨昌鸣.近现代建筑遗产价值评估体系再研究[J].建筑学报,2013(2):198-201.

[61] 孙美堂.从价值到文化价值——文化价值的学科意义与现实意义[J].学术研究,2005(7):44-49.

[62] 孙琦琦.试析闽浙木拱廊桥的文化价值和保护利用[J].浙江水利水电学院学报,2015(2):6-11.

[63] 唐寰澄.人间万古彩虹飞——世界桥梁趣谈[M].北京:中国铁道出版社,2000.

[64] 唐寰澄.中国科学技术史·桥梁卷[M].北京:科学出版社,2000.

[65] 唐家俊,赵冬,陈平.浅谈五梁桥的加固与保护[J].山西建筑,2007,33(6):286-287.

[66] 万敏.广场工程景观设计理论与实践[M].武汉:华中科技大学出版社,2017:24.

[67] 万敏,黄雄,温义.活态桥梁遗产及其在我国的发展[J].中国园林,2014(2):39-43.

[68] 万敏,周倜,吴新华.桥梁景观的创作与思考[J].新建筑,2004(2):72-74.

[69] 王富更.绍兴古桥保护利用现状及规划思路研究[J].环球市场信息导报,2015(25):74-80.

[70] 王应临.世界遗产完整性概念的产生即演变研究初探[C]//中国风景园林学会.和谐共荣——传统的继承与可持续发展:中国风景园林学会2010年会论文集(上).北京:中国建筑工业出版社,2010.

[71] 王贞.灌木介入的城市河流硬质护岸工程景观研究[D].武汉:华中科技大学,2013.

[72] 温义.活态桥梁遗产的保护利用研究[D].武汉:华中科技大学,2014.

[73] 吴颖.湖州古桥现状与保护[N].中国文物报,2004-12-10.

[74] 吴正光.贵州古桥的文物价值[J].贵州文史丛刊,2003(2):54-58.

[75] 项海帆,潘洪萱,张圣城,等.中国桥梁史纲[M].上海:同济大学出版社,2009.

[76] 项贻强,李秋萍,周维,等.绍兴八字桥的现状及保护维修方法探讨[J].浙江建筑,2010,27(3):1-3,6.

[77] 徐大江,朱君孝.新乡明代合河古桥的价值分析与保护对策[J].河南商业高等专科学校学报,2010,23(5):94-97.

[78] 徐嵩龄.文化遗产科学的概念性术语翻译与阐释[J].中国科技术语,2008,10(3):54-59.

[79] 薛理勇.外滩的历史和建筑[M].上海:上海社会科学院出版社,2002.
[80] 薛林平.建筑遗产保护概论[M].北京:中国建筑工业出版社,2013.
[81] 颜敏,赵媛.基于网络文本和ASEB栅格分析的运河遗产旅游开发研究——以无锡清名桥景区为例[J].南京师范大学学报(自然科学版),2016,39(3):124-129.
[82] 杨雄心.湘桂(潇贺)古道古桥的历史文化价值研究[J].湖南科技学院学报,2017(2):35-37.
[83] 杨艳,孙潮,陈宝春.现有世界文化遗产桥梁的核心价值及中国古桥申遗的思考[J].世界桥梁,2015(2):65-70.
[84] 殷利华.基于光环境的城市高架桥下绿地景观研究[M].武汉:华中科技大学出版社,2016.
[85] 殷利华.基于光环境的城市高架桥下桥阴绿地景观研究——以武汉城区高架桥为例[D].武汉:华中科技大学,2012.
[86] 袁波,张勇.苏南城市规划中古桥文化遗产的保护模式——以常州古桥遗产保护为例[J].江苏地方志,2016(8):4-9.
[87] 乐振华.绍兴古桥遗产构成与保护研究[D].杭州:浙江农林大学,2012.
[88] 张光英.闽东北浙西南地区木拱廊桥建筑文化景观特性研究[J].广西大学学报(哲学社会科学版),2012,34(2):73-78.
[89] 张环宙,沈旭炜,吴茂英.滨水区工业遗产保护与城市记忆延续研究——以杭州运河拱宸桥西工业遗产为例[J].地理科学,2015,35(2):183-189.
[90] 张劲泉,蒋瑞年,程寿山,等.美国古桥保护法规、策略及关键技术分析[J].公路交通科技,2016,33(9):46-51.
[91] 张龙,翟小菊.颐和园"界湖桥"和"柳桥"之辩[J].天津大学学报(社会科学版),2013,15(2):138-140.
[92] 张伦超.滁州古桥建筑文化内涵及保护开发研究[J].滁州学院学报,2013,15(4):4-7,18.
[93] 张伦超,刘其伟,许崇法.南京市古桥现状调查与保护[J].宜宾学院学

报,2013,13(6):95-98.

[94] 张松.历史城市保护学导论——文化遗产和历史环境保护的一种整体性方法[M].上海:上海科学技术出版社,2001.

[95] 张霞,张放陶.物质文化遗产中的科学技术支撑——古代桥梁和古代铜殿个例鉴赏[J].山西科技,2006(5):22-24.

[96] 张妍姬.对滇越铁路人字桥旅游景点开发与保护的思考[J].红河探索,2013(5):37-39.

[97] 赵旎娜.文化线路视野下浙东运河水系古桥梁的遗产构成研究[J].艺术与设计(理论),2016(10):90-92.

[98] 赵晓梅.活态遗产理论与保护方法评析[J].中国文化遗产,2016(3):68-74.

[99] 赵晓梅.黔东南六洞地区侗寨乡土聚落建筑空间文化表达研究[D].北京:清华大学,2012.

[100] 郑亚鹏,丁汉山,朱光亚.中国古桥信息管理系统的架构[J].中国文化遗产,2015(3):40-45.

[101] 中华人民共和国交通部.中国桥谱[M].北京:外文出版社,2003.

[102] 周彩英.基于田野考察的浙南古廊桥保护与思考[J].浙江档案,2014(5):50-52.

[103] 周甜甜.西塘古镇的文化景观格局之研究[J].嘉兴学院学报,2013,25(6):21-24.

[104] 朱铁军.江南古桥本体及文化综合分析和规划保护研究[J].安徽理工大学学报(社会科学版),2012,14(1):97-101.

[105] 朱卫国,韩大章.运河古桥遗产的价值判断方法和保护[A]//丁汉山.2010年古桥研究与保护国际学术研讨会论文集[C].南京:东南大学出版社,2010:34-38.

[106] 朱祥明,方尉元,王端峰.泉州五里桥(安平桥)建筑文化遗产保护与生态环境恢复的研究与实践[J].中国园林,2013(7):76-81.

[107] Abe Hall. History of the world's most impressive bridges [M]. Springfield:Merriam-Webster Publishers Inc,2011.

[108] Anderson K, Domosh M, Pile S, et al. Handbook of cultural geography[M]. London:SAGE,2002.

[109] Almasri Amin H, Al-Waked Qusai Fandi. Inspection and numerical analysis of an Ottoman Railway Bridge in Jordan [J]. Advances in Materials Science & Engineering,2016:1-7.

[110] Alois Riegl. The modern cult of monuments: its character and its origin [J]. Oppositions,1982,25:20-51.

[111] Armaly Maha, Blasi Carlo, Hannah Lawrence. Stari Most: rebuilding more than a historic bridge in Mostar [J]. Museum International,2010,56(4):6-17.

[112] Bauer Ewa, Menches Cindy L. Why we need renaissance engineers: Golden Gate Bridge seismic retrofit phase II case study [J]. Journal of Construction Engineering & Management,2011,137(10):901-905.

[113] Beauchamp D. Barwon Heads Bridge: history or heritage [J]. Australian Journal of Multi-Disciplinary Engineering,2012,9(1):11-22.

[114] Bernard M Feilden, Jukka Jokilehto. African cultural heritage and the world heritage convention: first global strategy meeting [J]. Harare,1995(10):11-13.

[115] Binney M. Our vanishing heritage[M]. London:Arlington,1984.

[116] British waterways heritage policy and principles[Z]. 1986.

[117] Boukhari Sophie. Beyond the monuments: a living heritage[Z]. UNESCO Sources,1996:80.

[118] Britt Baillie. Living heritage approach handbook [Z]. ICCROM,2009.

[119] Boumechra Nadir, Hamdaoui Karim. Dynamic and fatigue analysis of an 18th century steel arch bridge [J]. AIP Conference Proceedings,2008,1020(1):69-75.

[120] Brown Jeff L. Historic preservation: oldest covered railroad bridge restored [J]. Civil Engineering, 2007, 77(2): 18-19.

[121] Bruno S Frey. The evaluation of cultural heritage: some critical issues [M]//Economic perspectives on cultural heritage. London: Macmillan, 1997: 31-49.

[122] Charter for the conservation of historic towns and urban areas (Washington Charter) [Z]. 1987.

[123] Clard C. Ironbridge gorge [M]. London: Batsford, 1993.

[124] DeLony Eric. Landmark American bridges: American society of civil engineers [M]. New York: Bullfinch Press, Little Brown Publishing Company, Boston, 1993.

[125] Donald C Jackson. Great American bridges & dams [M]. Washington D. C. : The Preservation Press, 1988.

[126] English Heritage. Sustaining the historic environment: new perspectives on the future [M]. London: English Heritage, 1997.

[127] English Heritage. Conservation Principles: policies and guidance for the Sustainable Management of the Historic Environment [Z]. 2008.

[128] English Heritage. Designation listing selection guide: industrial structures [Z]. 2011.

[129] English Heritage. Designation scheduling selection guide: industrial sites [Z]. 2013.

[130] Eric DeLony. Context for world heritage bridges [R]. ICOMOS & TICCIH, 1960.

[131] Fraser D. American bridges in New South Wales, 1870—1932 [J]. Australian Journal of Multi-disciplinary Engineering. 2010, 8(1): 23-31.

[132] Game Thomas, Vos Cameron, Morshedi Rafid, et al. Full dynamic model of Golden Gate Bridge [C]. AIP Conference Proceedings,

2016,1762(1):1-17.

[133] Goad Frank. Building on historical significance[J]. Lane Report. 2014,29(4):26-29.

[134] Hong Namhee Kim, KohHyun-Moo, HongSung-Gul, et al. Toward a balanced heritage management plan for old stone bridges considering the embedded cultural significance [J]. International Journal of Architectural Heritage: Conservation, Analysis & Restoration. 2009,3(3):195-211.

[135] Humber Watershed Alliance, Heritage Subcommittee. Crossing the bumber: the bumber river heritage bridge inventory[Z]. Toronto and Region Conservation Authority,2011.

[136] ICCROM. Management guildlines for world heritage sites [Z]. 1998.

[137] ICOMOS. International charter for the conservation and restoration of monuments and sites [Z]. 1964.

[138] ICOMOS. Recommendations for the analysis, conservation and structural restoration of architectural heritage, international scientific committee for analysis and restoration of structures of architectural heritage[Z]. 2001.

[139] ICOMOS. The florence charter[Z]. 1982-12.

[140] ICOMOS. Xi'an declaration on the conservation of the sittiong of heritage structures, sites and areas [Z]. 2005.

[141] ICOMOS American Committee. The declaration of San Antonio [Z]. 1996.

[142] ICOMOS Australia. The Australia ICOMOS charter for the conservation of places of cultural significance (the Burra Chater) [Z]. 1998.

[143] Jajac Nikša, Rogulj Katarina, Radnić Jure. Selection of the method for rehabilitation of historic bridges—a decision support concept for

the planning of rehabilitation projects [J]. International Journal of Architectural Heritage: Conservation, Analysis & Restoration, 2017,11(2):261-277.

[144] Jones Jenny. Truss separation widens historic Vermont Bridge [J]. Civil Engineering,2012,9,Vol. 82 Issue 9,p20-24.

[145] Laurajane Smith. Uses of heritage [M]. London:Routledge,2006.

[146] Martin Pearce, Richard Jobson. Bridge builders [M]. Houston: Wiley Academy,2002.

[147] Mihladiz Sancak. An investigation on structural hazards formed on Ali Fuat Pasha (or Bayezid II) Bridge in Sakarya province [J]. Journal of Natural & Applied Sciences,2015,19(3):66-73.

[148] Mike Mort. A bridge worth saving:a community guide to historic bridge preservation [M]. Michigan: Michigan State University Press,2008.

[149] MTO. Ontario heritage bridges guidelines [Z]. 2008.

[150] North M. Spreading the load: the management of heritage timber truss bridges in the NSW road network [J]. Australian Journal of Multi-Disciplinary Engineering,2012,9(1):79-86.

[151] Oglethorpe Miles. The rolt memorial lecture 2013: the public benefit of industrial heritage—taking a positive view [J]. Industrial Archaeology Review. 2014,36(2):85-96.

[152] Offaly County Council. Bridges of offaly county: an industrial heritage review[Z]. 2005.

[153] Oliveira Daniel, Lourenço Paulo. Repair of stone masonry arch bridges[J]. Arch Bridges,2004,4.

[154] Pat Y. From tourism attractions to heritage tourism [M]. Huntingdon:ELM Publications,1991.

[155] Purvis Andrew. Building bridges [J]. Time International (South Pacific Edition),2004,8(30):15.

[156] English Heritage. Register of parks and gardens selection guide [Z]. 2013-3.

[157] Report on the expert meeting on heritage canals [R]. Spain, 1994,11.

[158] Rio Grande Conservation Commission. Grand old bridges: the grand river watershed bridge inventory[Z]. 2004.

[159] Riveiro B, Morer P, Arias P, et al. Terrestrial laser scanning and limit analysis of masonry arch bridges[J]. Construction & Building Materials,2011,25(4):1726-1735.

[160] Seim Charles. Why bridges have failed throughout history [J]. Civil Engineering Magazine Archive,2008,78(5):64-87.

[161] Stephen Robinson. Grand old bridges: The grand river watershed bridge inventory [J]. Tracie Seedhouse,2004.

[162] TICCIH. The nizhnytagil charter of the industrial heritage [Z]. 2003.

[163] UNESCO. Convention concerning the protection of the world cultural and natural heritage[Z]. 1972.

[164] UNESCO. Convention for the safeguarding of the intangible cultural heritage [Z]. 2003.

[165] UNESCO. Convention on the protection and promotion of the diversity of cultural expressions[Z]. 2005.

[166] Massachusetts Historical Commission. What you need to know about listing on the national register [Z]. 2006,11.

[167] UNESCO,ICOMOS,ICCROM. The nara document on authenticity [Z]. 1994,11.

[168] Witzany Jiri, Cejka Tomas, Zigler Radek. Failure resistance of historic stone bridge structure of Charles Bridge. I : susceptibility to nonstress effects [J]. Journal of Performance of Constructed Facilities,2008,22(2):71-82,83-91.

[169] World Heritage Committee. Operational guidelines for the implementation of the world heritage convention[Z]. 1992.

[170] World Heritage Committee. Operational guidelines for the implementation of the world heritage convention[Z]. 2005.

[171] World Heritage Committee. Operational guidelines for the implementation of the world heritage convention[Z]. 2016.

后　　记

　　2018年的酷暑盛夏,再次打开这一文档,当"活态遗产桥梁"几个字映入眼帘的时候,不用刻意去回想,往事就那样一幕幕浮现在眼前,清晰的就如刚刚发生一样。各种辛酸、迷惘、沮丧、痛苦、煎熬……几经波折,几次想要放弃,几度破釜沉舟,庆幸的是有一群关心我、鼓励我、帮助我的人,因为有你们,才使我的研究和学业能够顺利完成。想到你们,心中只有满满的感动!

　　首先要感谢的是我的博士生导师万敏教授,您渊博的学识和创新的思维,给我的学业和科研之路打开了一扇新的门,您严谨的治学态度和精益求精的工作作风更是让我受益匪浅。本书大到选题和结构框架,小到语句文字和标点符号,都离不开万老师的悉心指导。

　　感谢郭小龙、翟娜娜、孙锦、龚子逸四位学弟、学妹给予本书调研工作的帮助!感谢参与本书问卷调查的各位专家和众多热心的人们,感谢所有给予本书指导和帮助的人们!对于本书中引用的专家学者的观点和来自网络的资料、图片,在此一并表示感谢!

　　感谢生我养我、为让我安心工作和学习,帮我照顾孩子、承担家事的父母!感谢让我无后顾之忧、任性地做自己想做的事情、过自己想要的生活的先生!感谢健康成长的两个可爱的女儿!你们永远是我心底最温暖的依靠和港湾!

　　最后要感谢的人是我自己!感谢你在遇到各种困难和挫折时,在面对各种反对的声音时,在承受了巨大的心理压力,经历了漫长的精神折磨之后还能够坚持下来,希望今后的你在保持自信、知性、坚强的同时能够更加积极、更加洒脱!